Psicanálise:
uma prática teorizada

Psicanálise:
uma prática teorizada
Tributo a Horus Vital Brazil

Editor

José Nazar

Companhia de Freud

PSICANÁLISE: UMA PRÁTICA TEORIZADA

Publicação da Sociedade de Psicanálise Iracy Doyle
Filiada à International Federation of Psychoanalytical Societies (IFPS)
Rua Visconde de Pirajá 156 salas 307/310 Ipanema
22410-001 – Rio de Janeiro – RJ – Brasil.
Telefone 25220032
E-mail: spid@unisys.com.br
Homepage: http://www.spid.com.br

EDITORES RESPONSÁVEIS:
Angela Coutinho
Cátia Martins
Eduardo Rozenthal
Mariana Weiss
Márcia Lisboa da Cunha

REVISÃO:
Sandra Regina Felgueiras

ILUSTRAÇÃO DE CAPA:
Grande Baigneuse ai livre
Picasso
Paris, Museu Picasso

EDITORAÇÃO ELETRÔNICA:
FA - Editoração Eletrônica

APOIO:
Companhia de Freud

CIP-BRASIL. CATALOGAÇÃO-NA-FONTE
SINDICATO NACIONAL DOS EDITORES DE LIVROS, RJ

P969

Psicanálise : uma prática teorizada / Angela Coutinho... [et al.] (org.) ; editor José Nazar. – Rio de Janeiro : Cia. de Freud : SPID, 2007.
188p.

Inclui bibliografia
ISBN 978-85-7724-039-5

1. Brazil, Horus Vital, 1926-2005. 2. Psicanálise. I. Coutinho, Angela. II. Sociedade de Psicanálise Aracy Doyle.

07-4378.

CDD: 150.195
CDU: 159.964.2

Esta publicação é decorrente dos trabalhos apresentados em mesas-redondas na Jornada Externa da Sociedade de Psicanálise Iracy Doyle em 5, 6 e 7 de maio de 2006 no Mirador Rio Copacabana Hotel. Esse evento foi um tributo a Horus Vital Brazil, um dos fundadores da Sociedade, sendo realizado na ocasião de um ano de sua morte.

Sumário

Apresentação

No início dos anos setenta, um grupo de intelectuais, em sua maioria psicanalistas, organizou uma coletânea intitulada *Consciência*, publicação psicanalítica na qual diferentes perspectivas iriam compor um profícuo diálogo de concordâncias e discordâncias entre pares. Faziam parte deste grupo Horus Vital Brazil, Carlos Paes de Barros, Chaim Samuel Katz, Emmanuel Carneiro Leão, Hélio Pellegrino, Ivan Ribeiro e Wilson de Lyra Chebabi. Horus Vital Brazil foi o responsável editorial pelo primeiro número, publicado em 1974, cujo tema foi "Psicanálise em crise". Tema curioso e sugestivo, surgido no apogeu do movimento psicanalítico no Rio de Janeiro, em que o pensamento lacaniano estava apenas começando a circular em nosso meio. Na apresentação do primeiro número da revista, feita por Hélio Pellegrino, é enfatizada a noção de crise como processo de crescimento, vitalidade, expansão de um saber que, sendo vivo, se transforma. "A história da psicanálise, neste sentido, é a história de uma crise permanentemente assumida, com lúcida paixão". "A crise é onde a vida mora. Estejamos vivos, como psicanalistas e como pessoas, e que esta publicação seja a consciência do pulsar desta vida"[1].

Nesse primeiro número havia um artigo de Horus Vital Brazil intitulado "A estrutura em metapsicologia – Um ensaio crítico". O artigo aborda o "desenvolvimento em crise" do pensamento psicanalítico, valorizando a dominância do "ponto de vista estrutural" na passagem de um modelo biológico reducionista para um modelo semiológico.

Inúmeras razões justificaram a inclusão deste artigo na presente pu-

---

[1] Pellegrino, H. "Apresentação" em *Consciência 1 – Psicanálise em crise*, ed. Vozes, 1974, RJ, pp. 7-10.

blicação. Além da clareza, atualidade e pertinência de seu conteúdo, este artigo tem um valor histórico, de testemunho. Testemunho de um percurso singular, cuja marca é a liberdade de interlocução com diferentes autores, sem perder o rigor na construção do próprio pensamento. Uma das figuras proeminentes do movimento psicanalítico, de renome internacional, Horus Vital Brazil sustentou a originalidade de um pensamento crítico reflexivo diante de qualquer saber sabido, mantendo assim a tensão permanente entre instituinte – instituído.

A mesma orientação balizou a organização do Tributo a Horus Vital Brazil que esta publicação vem retratar. Após um ano de seu falecimento, na ocasião em que completaria 80 anos, a SPID – Sociedade de Psicanálise Iracy Doyle – organizou uma jornada em sua homenagem, partindo do principal legado que ele deixou: a incumbência de se continuar produzindo, promovendo uma interlocução entre pares, um confronto criativo com a diferença, com o inconsciente pulsátil, o que sintetiza a idéia de formação permanente.

Horus Vital Brazil ilustrou, com sua própria trajetória,

> a formação de uma opinião ao longo dos anos de uma prática complexa e difícil, em um ofício de psicanalisar que Freud já descrevia como uma profissão impossível, como eram as de educar e governar. Essa prática [...] se mantém até hoje, valorizando a hegemonia da clínica por um pluralismo na construção teórica que reúne a contribuição de diferentes autores no campo da psicanálise em resposta à injunção lacaniana de uma volta aos textos de Freud, com uma leitura crítica que tenta situar a psicanálise na contemporaneidade das idéias[2].

Os trabalhos apresentados na jornada e aqui publicados foram tematizados em torno da psicanálise como prática teorizada, na interseção com outros saberes e tendo a clínica como peça chave, como soberana.

A mesa de abertura apresentou um tributo a Horus Vital Brazil, expondo a relevância de sua contribuição na história do movimento psica-

---

[2] Brazil, H.V. Psicanálise, cem anos depois e outros ensaios (1978-2004), Booklink Publicações Ltda, RJ, 2004, p. 7.

nalítico de um modo geral e, em particular, na história da Sociedade de Psicanálise Iracy Doyle, da qual foi um dos fundadores.

As outras mesas desenvolveram temas e enfoques os mais diversos, num confronto criativo e produtivo, em que o fazer psicanalítico foi contextualizado frente ao pensamento contemporâneo.

Angela Coutinho

A ESTRUTURA EM METAPSICOLOGIA: UM ENSAIO CRÍTICO

Horus Vital Brazil

É certo que a crise em Psicanálise, tema deste primeiro número de *Conscientia*, pode ser saudavelmente aceita como permanente. Um dos modos de aproximação ao estudo de uma ciência, certamente o mais produtivo, é o da abordagem crítica em referência a uma "prova de refutabilidade"[1] que diz da vitalidade e permanência de um campo de estudos na sua renovação teórica. O contrário seria abordar uma Ideologia, ou uma hierarquização de valores estratificada, que só solicitaria argumentos para confirmação de seus pressupostos inquestionáveis. No jogo dialético entre achados clínicos e pesquisa teórica, no diálogo entre o clínico da práxis psicanalítica e o teórico que reflete sobre esta prática, faz-se a história do desenvolvimento de uma ciência.

Este trabalho pretende dar uma notícia sobre este "desenvolvimento em crise" do pensamento psicanalítico, mostrando a dominância do chamado "ponto de vista estrutural"[2] na passagem do uso de um modelo biológico reducionista para um modelo semiológico.

Nesta demonstração evidencia-se a luta da psicanálise para se constituir como ciência no contexto da contradição entre o individual e o público, entre o estritamente privado, como "iconoclasma do íntimo", no dizer de Ricoeur[3], onde não seria mais do que uma hermenêutica, e o consensualmente validável na universalidade das leis de sua metapsicologia.

DA TEORIA DA LIBIDO À TEORIA ESTRUTURAL

Muitas mudanças conceituais foram feitas por Freud no decorrer de sua tentativa de teorizar sobre os dados clínicos. Uma das mais importantes, se valorizamos os estudos críticos de Rapaport[4], foi em que as três instâncias conceituais de id, ego e superego foram constituídas. Manteve-se, entretanto, o ponto de vista econômico com a concepção dualista de energia psíquica, que justificou a Merleau-Ponty, na sua crítica, chamá-lo de uma "metáfora energética"[5]. Reconhecemos, em referência a este modelo anterior às formulações estruturais, um biologismo fisicalista que busca situar o dado psicanalítico como um fato natural, ultimamente redutível a dados sensoriais, desconhecendo o fato humano como significação. Este modelo biológico, fisicalista e mecanicista, que se define na teoria de libido em sua forma ortodoxa, funcionou como um bloqueio ao desenvolvimento da psicanálise como ciência.

É de Binswanger[6], queixando-se do reducionismo de uma psicanálise posta como ciência natural, a crítica mais pertinente, em que não existe uma negação da possibilidade de ciência, mas uma insistência em se considerar o completo dado fenomênico na tentativa de explicação, ou melhor, na tentativa de explicitação do homem. Esta crítica atinge mais diretamente as concepções energéticas e a super-ênfase na gênese, contidas na obra freudiana. Os pontos de vista econômico e genético são os que manteriam a Psicanálise presa ao modelo biológico reducionista. Com a libertação do ponto de vista estrutural deste modelo, ao se considerarem mais e mais as relações objetais definindo um campo alteritário determinante, desdobra-se a Psicanálise em investigações e formulações que atingem o fato da significação.

Três movimentos dentro do pensamento psicanalítico mostram esta direção que é, ao mesmo tempo, de correção do fisicalismo reducionista da teoria da libido e de desenvolvimento de uma concepção estrutural. O primeiro, vindo em seqüência de realização teórica através W. Reich[7] e Anna Freud[8], encontra em H. Hartmann[9] o seu fundador. A chamada Psicologia do Ego tende a superar uma das instâncias para estudar a estrutura como função e encontra-se no interesse dominante pelo problema adaptativo com o desenvolvimento de um modelo biológico análogo ao modelo cibernético, definindo um sistema aberto e transacionalista, principalmente nos trabalhos de Erik Erikson[10], em oposição ao ponto de vista genético estrito e às formulações exclusivamente instintivistas. O artigo de Merton M. Gill e George S. Klein[11] (p. 8), ao apresentar a tentativa de sistematização da evolução do pensamento psicanalítico na obra de David Rapaport, resume a concepção de estrutura tal como aparece na chamada Psicologia do Ego: "antes de Hartmann (1939), o interesse nas funções do ego centrava-se principalmente na elaboração das defesas, culminando no clássico estudo de Anna Freud (1936). As características do Ego como organização sintetizadora e adaptativa, superordenada em relação à função defensiva, recebiam um reconhecimento apenas superficial. Rapaport aceitou o conceito mais amplo da função de regulação do ego, especialmente definido nas formulações de Hartmann, e contribuiu para o reconhecimento na teoria psicanalítica de que o tema do desenvolvimento da estrutura na organização psíquica estende-se além da função defensiva. [...] O desenvolvimento do Ego não é referido apenas ao conflito: as funções do Ego têm uma origem e um desenvolvimento independentes; além disso, as estruturas do ego que evoluem de conflito, ou do jogo de forças pressionando para e contra a descarga, adquirem uma medida de independência tanto de pulsão quanto da realidade e do conflito entre elas. Enfatizando o estável, o permanente (o invariante), as características protelatórias e inibidoras do aparelho psíquico, Rapaport destaca particularmente a estrutura como dominando o funcionamento psíquico, um tema que se tomou central na sua teorização. Colocou-se assim totalmente no campo explorado por Hartmann, Kris e Loewenstein[12], na conclusão de que Freud[13], ao aumentar gradualmente sua ênfase nos chamados sistemas estruturados de regulação (1900, 1923), marcou um avanço maior da teoria psicanalítica. [...] De qualquer direção em que iniciava sua teorização, Rapaport sempre convergia para o problema nodal da estrutura – sua função, estabilidade, as condições do seu enfraquecimento, da sua manutenção, da sua desintegração e da sua reconstituição. Ele se interessava não só pelas maiores estruturas, que nós poderíamos chamar macro-estruturas – id, ego, superego –, mas levava o seu interesse para os vários níveis e formas de estruturas, incluindo as idéias, percepções e memórias e os mais complexos arranjos estruturais como limiares de descarga, defesas, controles e identificações. [...] Para Rapaport, uma teoria compreensiva do comportamento humano teria que enfatizar tanto as forças pulsivas quanto as estruturas. São suas as palavras[14]: [...] 'No curso da evolução do conhecimento psicológico e psicanalítico, a descoberta de que as pulsões básicas estão no centro de todo o processo psicológico humano provou-se ser uma explicação apenas parcial do comportamento. Aprendemos que nenhuma dinâmica de forças por si mesma pode explicar o que um ser humano faz. Sabemos da Biologia, e também de estudos sociais, que as funções, uma vez estabelecidas, estruturalizadas, formam estados estáveis (*steady states*) resistentes a mudança'".

Enquanto a Psicanálise ficou restringida a um determinismo linear na teoria clássica, manteve-se presa à controvérsia epistemológica do início do século entre determinismo e teleologia. O advento da cibernética com a concepção de retroalimentação (*feedback*) demonstra uma cadeia determinista de um sistema circular, em que o fenômeno transferencial põe-se no contexto interpessoal referido ao fato da repetição (a compulsão à repetição). Foi esta a contribuição maior de Karen Horney[15] ao descrever o "círculo vicioso neurótico", inaugural do segundo movimento corretivo dos excessos de uma conceituação estritamente referida a uma investigação genética. Este movimento, além da crítica, por vezes redundante, à teoria da libido ortodoxa, trouxe a introdução do ponto de vista psicossocial como determinante estrutural e[16], principalmente na obra de Harry Stack Sullivan[17], contribuiu para valorizar o fato da linguagem e abrir uma perspectiva de estudo do contexto interpessoal como irredutível aos seus pressupostos biológicos. Em Sullivan, a perspectiva de um processo de individuação centrado no conceito de "organização da experiência", nos termos estruturais de articulação em "personificações", enriquece a metapsicologia derivada da síntese feita por Rapaport e se aproxima à concepção estrutural na Psicologia do Ego. O ego, concebido como estrutura que co-determina o comportamento, é responsável pelo caráter organizado e coordenado de todo o comportamento, inclusive nas ações de descarga pulsivas específicas. O pensamento sullivaniano, muito influente na Psiquiatria americana, traz para a Psicanálise a direção de sua evolução. Com a sugestão de uma extensão da Psicoterapia psicanalítica ao tratamento de psicóticos e o instrumental conceitual decorrente formulado em termos de quase adoção do modelo semiológico, Sullivan nega a redução do objeto da Psicanálise ao intrapsíquico. Partindo-se da primeira experiência da "configuração mamilo-nos-lábios" como inaugural da subjetividade, os dados biológicos prévios só são fundadores da possibilidade de desenvolvimento, e abre-se um campo para o estudo de estruturas vivenciais no contexto interpessoal. O reconhecimento do papel estruturante e estrutural das personificações, referido aos modos vivenciais prototáxico e paratáxico, dá a Sullivan primazia no estudo da articulação de dados inconscientes, que abrange o sistema defensivo (o auto-sistema) na constituição de significações no campo interpessoal.

Pensamos que não seria forçar esta interpretação crítica, que procura mostrar a dominância alcançada, na evolução do pensamento psicanalítico, pela noção de estrutura, se mostrássemos a aproximação da teoria interpessoal de Sullivan à obra de Melanie Klein, aceitando a correção feita por R. Fairbairn do excesso de interpretações biologizantes e instintivistas contidas na teoria kleiniana. Esta aproximação conceitual já foi extensamente feita par H. Guntrip em seu livro *Personality structure and human interaction*[18] e está toda nos seus esforços de constituir o que ele chama de uma "ciência psicodinâmica" em seus últimos trabalhos[19]. Guntrip põe esta revisão de Fairbairn muito claramente relacionada a sua experiência clínica e à abertura de uma teoria não redutivista[20] (p. 12): "a revisão fundamental de Fairbairn (desenvolvida a partir dos trabalhos de Melanie Klein, mas discordando dela em relação a conceitos básicos) foi publicada em 1952. Os trabalhos de Klein são de 1920 e 1930 e levaram a uma intensa controvérsia e divisão na Sociedade Psicanalítica Britânica, sobre a qual Ernest Jones escreveu em 1948: [...] 'alguns eram de opinião que as conclusões de M. Klein não só divergiam, mas eram incompatíveis com as de Freud. Não que isto possa ser um argumento decisivo, se a experiência mostrasse que as suas conclusões se aproximavam mais da verdade [...] se a Psicanálise pretende manter-se uma ciência, agora que o magnífico ímpeto freudiano extinguiu-se, é inevitável o avanço além dos limites que ele atingiu'. A teoria das relações objetais pós-freudiana na Inglaterra é um resultado deste avanço". "Na minha experiência", diz Guntrip, "foi o teste detalhado da teoria ortodoxa refutada na evidência clínica que me afastou gradualmente da psicobiologia fisicalista de Freud. A rejeição de Fairbairn da Teoria dos Instintos e o desenvolvimento gradual de uma teoria psicológica consistente do desenvolvimento de pessoas no meio de relações pessoais cristalizou-se na fala de um paciente: 'Você vive dizendo que eu estou querendo satisfazer este ou aquele instinto, mas o que eu quero é um Pai'. O desenvolvimento do conceito de estrutura endopsíquica, em Fairbairn, traz mais claramente para a reflexão crítica a oposição entre uma 'psicologia instintivista' e uma 'teoria das relações objetais'. Ao rejeitar a concepção dualista e estabelecer os achados kleinianos numa 'teoria de relações objetais', Fairbairn explicita uma concepção estrutural anti-reducionista, na inexistência de um id como 'caldeirão de pulsões instintivas' no seu esquema conceitual e na afirmação de construtos em oposição significativa. Este é o terceiro movimento, o da

Psicanálise construída na linguagem da teoria das relações objetais, que indica a passagem de uma dominância de estudos 'energéticos' para a adoção do 'modelo estrutural'".

A NOÇÃO DE ESTRUTURA

É de R. Grinker a afirmação conclusiva: "Minha escolha desta metapsicologia baseia-se na conclusão de que o progresso em Psicanálise tem sido feito e continuará a se fazer no uso da teoria estrutural"[21]. Muitos termos, como os de aparelho, sistema, organização, têm sido usados em sinonímia com o termo "estrutura". A melhor razão para a adoção de uma "teoria de sistemas" ou teoria estrutural está, segundo o mesmo Grinker, na possibilidade de acompanhar os inícios dinâmicos da metapsicologia ao seu fechamento na teoria topológica, e a nova abertura como teoria estrutural. A transação, e não auto-ação ou interação, torna-se o modo operatório do sistema quando vista na sua definição mais ampla como estrutura. A Psicanálise moderna tenderia a exigir uma teoria de campo que inclui transações entre funções múltiplas, em que um sistema não exclui o outro, e ver-se-ia o homem como um sistema em transação e não como uma estrutura fragmentada.

A definição mais ampla e rigorosa de estrutura, dada par Boudon[22], serve para orientar a nossa postulação de um modelo semiológico para a metapsicologia. Boudon abandona a tentativa de definição de estrutura pelo método indutivo, que, partindo de associações sinonímicas ("sistema de relação ao todo", "totalidade não redutível à soma das partes" etc), leva a uma difusa referência à noção de "Gestalt" e "à dissolução do que constitui a natureza própria dessa noção" de estrutura. Chegando à afirmação de que a definição de estrutura só pode ser compreendida no interior de uma linguagem metacientífica, Boudon oferece as seguintes fórmulas de definição nos seus dois momentos de análise (fórmula A) e de síntese (fórmula B),

$$\text{(A)} \quad \text{(Df)} \quad \text{Str: A + Str (S)} \xrightarrow{c} \text{App (S) e}$$

$$\text{(B)} \quad \text{A +App (S)} \xrightarrow{c} \text{Str (S)}$$

em que S é o sistema, A – axiomática, App é o conjunto de características aparentes do sistema, e $\xrightarrow{c}$ o cálculo lógico da possibilidade dedutiva.

Partindo de uma formulação estrutural, o fenômeno seria considerado emergente (App (S)) colhido nas redes de um esquema conceitual (A + Str (S)) (o estruturalismo como método) no momento de análise, e a confirmação da formulação estaria referida ao momento de síntese na reversibilidade da fórmula estrutural. Isto nos leva à afirmação de que o possível discurso científico faria um apelo imediato ao método estruturalista, já posto em todo o estruturalismo lingüístico, como modelo semiológico, com o êxito de sua transposição para as ciências humanas, como aparece principalmente na obra etnológica de Lévi-Strauss e na Psicanálise de Jacques Lacan.

Na origem do estruturalismo nós encontramos o pioneirismo do lingüista suíço, Ferdinand de Saussure, que lançou as bases conceituais da Lingüística moderna no seu *Cours de Linguistque Générale*[23], tal como foi compilado e publicado por seus alunos. O trabalho de Saussure diferencia a língua da fala (*langue/parole*) e denuncia um historicismo enfatizando a distinção entre sistema e gênese. Para um historicismo, explicar é procurar a gênese, a forma anterior, as origens e o sentido da evolução, como se fazia nas restritas pesquisas etimológicas da linguagem. A idéia de sistema é posta por Saussure, separada do falante, na linguagem (*langue*) compreendida como um sistema de signos, mostrando que a cadeia sonora do significante e a dimensão conceitual do significado teriam uma determinação mútua, numa relação nuclear de formação de significação. O que fica dominante no estudo da linguagem são as diferenças de som e sentido que constituem o sistema e a noção básica de estrutura nos seus termos de determinismo dialético. Este tema saussuriano desdobra-se em outras oposições significativas na relação diacronia/sincronia, como na relação entre o eixo das sucessões (sintagmático) e o eixo da coexistência (paradigmático).

A ciência da Lingüística Estrutural põe-se como modelo para as ciências humanas e postula-se, desde o seu início, como uma ciência dos estados nos seus aspectos sistemáticos, sincrônicos, distinta de uma Lingüística diacrônica, que aparece como o estudo da evolução, isto é, das alterações do sistema. A diacronia, sendo essencialmente comparativa, metodologicamente depende da sincronia. A gênese no seu valor explicativo seria subordinada ao estudo das relações do sistema. Mas foram os fonólogos do chamado Círculo de Praga, mais particularmente Trubetskoy e Jakobson[24], que introduziram claramente a idéia de que as leis da Lingüística designam um nível inconsciente, de um inconsciente categorial, combinatório. A fonologia de Trubetskoy passa ao estudo da infra-estrutura inconsciente recusando-se a aceitar os termos num critério entitativo, tomando como base de sua análise a relação entre os termos e privilegiando a sintaxe no primeiro movimento de abordagem metodológica. Na valorização do estruturalismo lingüístico como modelo para as ciências humanas, o trabalho de J. Prieto[25], demonstrando a importância da descoberta do fonema, chega à seguinte conclusão, explicitando a nova epistemologia contida em um modelo semiológico: "a Lingüística realizou, talvez sem o saber, um avanço cuja importância ultrapassa de muito o seu domínio e se refere às disciplinas chamadas de ciências do homem. Pode-se certamente perguntar se o que caracteriza estas disciplinas, e as distingue das 'ciências da natureza', não é simplesmente o fato de seu objeto e, em todos os casos, uma maneira particular de conhecer um objeto. Se esta hipótese, que implica dizer que toda ciência do homem é em definitivo uma epistemologia que encontra o seu objeto no sujeito que conhece, cujo conhecimento vai justamente constituir o seu objeto, se esta hipótese é válida, a Lingüística, ao se pôr em relação ao fonema um problema de pertinência, pela primeira vez formulou um problema do tipo que deve ser o que caracteriza as ciências do homem".

Os "sistemas de parentesco" deram a Lévi-Strauss[26] o primeiro análogo ao sistema de lingüistas. Estes são estruturas inconscientes que se mostram em pares de oposição (pai/filho, tio materno/filho da irmã, marido/esposa, irmão/irmã), o sistema não se reduzindo a entidades mas tendo como último termo relações significativas. A inteligibilidade imediata destes sistemas aparece na dimensão sincrônica. O sistema de parentesco é visto como uma linguagem, não só em termos de analogia estrutural, mas na sua função de comunicação, instaurando a troca e estabelecendo as regras da aliança. Dan Sperber[27], estendendo os trabalhos de Lévi-Strauss sobre os fundamentos metodológicos da Antropologia Estrutural, define uma "orientação da pesquisa" (p. 218) a mais influente na adoção de um modelo lingüístico para a Psicanálise. Diz ele: "Partimos da hipótese estruturalista explícita de que todos os sistemas culturais são 'linguagens'. Se entendemos por linguagem todo sistema de comunicação, a hipótese mantém-se por si mesma, e só é particular o sentido que se dá à palavra linguagem. Se se toma o sentido mais geralmente aceito, uma linguagem é um conjunto de mensagens cuja formação é regida pelas mesmas regras que a constituem. Ora, os sistemas socioculturais regulam não somente a constituição das mensagens, mas também a sua circulação. A hipótese implícita estruturalista pode então ser diferentemente interpretada; os sistemas socioculturais devem ser representados por modelos análogos aos modelos estruturalistas da linguagem: um conjunto de elementos discretos e de regras que, operando sobre os elementos agrupados em classes (paradigmas), engendra um processo contínuo (sintagma)".

Em Lacan[28], o estruturalismo lingüístico traduz-se numa metodologia que vê o fato psicológico como estruturação de significação e dá à Psicanálise uma posição de privilégio no estudo da ordem simbólica. Na formulação de um modelo semiológico, retirado do estruturalismo em termos de teoria estrutural, podemos trazer as palavras de G. G. Granger[29], comentando sobre as dificuldades metodológicas nas ciências do homem: "A dificuldade radical das ciências do homem está ligada justamente a esta necessidade no investigador de apreender fatos providos de sentido, chegando a eles através de uma elaboração de dados que já são significações no nível da apreensão imediata. A dupla tentação que o fascina é a de se ater aos eventos vividos ou, em um esforço desorientado para atingir a positividade das ciências naturais, ficar tentado a negar toda significação para reduzir o fato humano a um modelo das ciências físicas. O problema constitutivo das ciências do homem pode ser descrito como a transmutação de significações vividas em um universo de significações objetivas".

O modelo semiológico

A dominância da obra de J. Lacan na introdução de um modelo semiológico em Psicanálise deve-se, provavelmente, ao seu método exegético que se volta para uma nova leitura dos trabalhos de Freud, desenvolvendo-se uma crítica a todo um "revisionismo" conceitual no pensamento psicanalítico. Esta abordagem crítica, em muitos sentidos, obscurece a linha de desenvolvimento do pensamento psicanalítico para a adoção do modelo semiológico, pondo Lacan numa controvertida posição em relação ao "oficialismo" institucionalizado do movimento psicanalítico, o que lhe valeu a distinção de uma "excomunhão", como se fosse a sua contribuição a mais revolucionária. Hesnard conta[30] a melancólica estória desta "excomunhão", implicitamente revelando as motivações dos exageros críticos lacanianos, que defendem paradoxalmente uma "volta a Freud", interrompendo uma linha de continuidade do pensamento psicanalítico para a adoção de um modelo estrutural.

Na tentativa de restaurar esta linha de continuidade, embora "em crise", do movimento psicanalítico, devemos assinalar como o fato central da linguagem, como a noção de estrutura já estava no pensamento psicanalítico antes de Lacan. Os antecedentes da adoção do modelo semiológico podem ser referidos não só à dominância da noção de estrutura, mas também à postulação da chamada "hipótese de Sapir-Whorf"[31], mais influente na teoria de Sullivan, mas também aparecendo na "teoria da informação"[32] aplicada à construção conceitual em Psicanálise. Mas o modelo semiológico, indiscutivelmente, como "teoria dos signos", nos seus referentes à sintaxe, semântica e pragmática, é nos *Écrits* de Lacan, e na continuidade dos trabalhos dos seus discípulos, que mais claramente aparece.

Partindo do estatuto que Lacan dá à Psicanálise como ciência, no privilégio de seu objeto que não se refere ao homem, mas "ao que lhe falta"[33], podemos apresentar um seu aforismo associado a sua conceituação do inconsciente: "O Inconsciente está estruturado como uma linguagem". O como dá a chave ao entendimento no modelo semiológico usado. Não se diz que o inconsciente é a linguagem, mas o "estar estruturado como", referindo-se aos trabalhos de Freud que dizem da sintaxe dos chamados processos primários, dá uma organização, uma estruturação básica a um "locus", um lugar que é o do "significante". "Eine andere Schauplatz", um outro cenário que é um lugar de determinação. Lacan usa o algoritmo saussureano para designar didaticamente esta estrutura em referência ao fato da significação. A fórmula

$$\frac{S}{s}$$

em que o significante (S) é valorizado como "lugar de determinação", em relação ao significado (s) que aparece sob a barra (—) designativa da repressão primária, sugere já uma lógica mínima do significante na organização do inconsciente. Lógica mínima que se põe como binária na sugestão de J. A. Miller[34] no jogo da ausência e presença referido à metáfora materna.

Inconsciente constituído no seu valor de determinação não como causa, mas como função de uma ausência no modo da repetição. O conceito de ausência, em referência à noção freudiana de "inscrição", associado ao "fort-da"[35] e à necessidade de repetição, inaugura o desejo (concebido como um produto lógico)[36] e a subjetividade, na escansão da articulação pulsão-objeto. O que existe no vazio, na ausência, é da ordem do "não-realizado". Esta dimensão, que é a maior descoberta freudiana, teria que ser concebida, segundo Lacan[37], como um registro não do irreal, nem do desrealizado, mas do não realizado, o que se põe como corte, rutura e descontinuidade. A "função estruturante de uma falta", esta seria a introdução de Lacan ao conceito do inconsciente e ao modelo semiológico, em que, sem qualquer reificação entitativa, se fala não de um ser, ou de um não-ser, mas se afirma um não-realizado como significante que, analogamente, no estruturalismo lingüístico, só é função concretizada no plano do significado. Lacan é bem explícito no uso que faz do modelo lingüístico, valorizando o conceito de repressão primária (*Urverdrängung*) e estabelecendo duas ordens irredutíveis uma à outra na distinção entre significante e significado. Ao dizer sobre o valor expressivo do sintoma, escreve: "O sintoma psicanalisável é sustentado por uma estrutura idêntica à estrutura da linguagem. Esta se refere ao fundamento desta estrutura, ou seja, a duplicidade que submete a diferentes leis os dois registros que se confundem: o do significante e o do significado. A palavra registro, designando aqui dois encadeamentos tornados em sua globalidade, e a posição primária desta distinção suspendem a priori toda a possibilidade de se fazer uma equivalência termo a termo destes dois registros"[38] (p. 444). Esta distinção, que seria freudiana, entre as duas inscrições, designando leis diferentes na referência topológica aos dois sistemas Inconscientes e Pré-consciente-Consciente, seria perfeitamente análoga ao algoritmo saussuriano, em que se diz conclusivamente que o signo é o ato de unificação de um significante com o seu significado, produtivo do fato da significação. A diferença no uso que Lacan faz do algoritmo estaria na introdução de um valor de determinação diferencial na repressão primária, constitutiva da função simbólica, onde a Psicanálise descobre uma separação nas duas ordens do discurso, resistente à significação, em que os pontos de correspondência (*point de capiton*) são eventuais na referência acrônica da frase. A linguagem do desejo, expressiva do complexo motivacional e introdutória da Psicanálise como ciência, é de difícil acessibilidade e exige condições muito particulares (o cenário psicanalítico que revela uma presença ausente) para ser surpreendida na constituição de significações. Na Lingüística, tanto quanto na Psicanálise, o significado ficaria aquém da significação. Na constituição de uma teoria psicanalítica do sujeito do discurso, seria uma válida simplificação didática dizer que o significado se associa a um "sujeito suposto do saber" (*sujet supposé savoir*) na redução ao nível consciente do discurso, enquanto o significante seria referido ao "sujeito do desconhecimento" (*sujet de la méconnaissance*), e o fato da significação, superdeterminado como estaria na teoria psicanalítica, refere-se ao sujeito da dúvida que tem, na linguagem do desejo, a possibilidade de transgressão da barra no contato possível com formações inconscientes.

Um outro aforismo lacaniano completaria esta nossa introdução à noção de inconsciente e ao modelo semiológico: "O inconsciente é o discurso do Outro". Postula-se aqui um principio de alteridade em que o algoritmo

$$\frac{S}{s}$$

na sua valorização de um determinismo dialético e na articulação da cadeia do significante fica definindo radicalmente um campo intersubjetivo. "O significante é o que representa o sujeito para um outro significante"[39]. Nesta definição do significante em que o algoritmo aparece dividindo-se no campo intersubjetivo, Lacan delimita (como Freud centrado no conceito de inconsciente) metodologicamente o campo da Psicanálise. O sujeito é excêntrico a si mesmo, situa-se na referência ao determinismo inconsciente num campo alteritário, o que valoriza a descoberta Freudiana como revolucionária, no mesmo sentido de injúria narcísica que a descoberta de Copérnico. Examinar o conceito de objeto (a) em Lacan é, como diz André Green[40], marcar todo o limite do acordo entre o pensamento psicanalítico e o estruturalismo moderno. Na diferenciação conceitual do que é o objeto em Psicanálise põe-se a definição de um campo alteritário, básico nas reformulações semiológicas da Metapsicologia Freudiana. Este campo alteritário é o próprio campo freudiano porque é o que diz da excentricidade radical do homem. A injúria narcísica que se impõe à imagem que o homem faz de si mesmo é a da ordem de afirmá-lo um ser falado, determinado de um lugar em que não se encontra como sujeito. O campo da Psicanálise constitui-se assim na referência ao conceito de um inconsciente dinâmico com valor de determinação, estruturante, que está no Outro que reifica o sujeito na medida da sua identidade como significado, e que o revela na possível referência ao significante que o constitui na linguagem do desejo.

Esta linguagem do desejo, articulada no encontro entre pulsão e objeto, e exaustivamente definida par Lacan[41] na tentativa de correção de uma dupla distorção, na leitura dos textos de Freud, dos conceitos de pulsão e objeto. A infeliz tradução de "Trieb" par "Instinct" na "Standard Edition" de Strachey"[42], seria uma escolha de enfatizar o modelo biológico na leitura mais superficial e fácil da obra Freudiana, valorizando os seus aspectos mais especulativos. Lacan afirma que o conceito de pulsão, tal como aparece no texto Freudiano considerado como o mais explícito (*Triebe and Triebschicksale*)[43], é um dado primário da Metapsicologia psicanalítica. A pulsão é um "Grundbegriff", um conceito fundamental. E é um conceito identificado a uma pura e simples tendência à descarga associada a um estímulo, ou melhor, "da parte admitida ao nível de estímulo de um suplemento de energia", a famosa quantidade Qn do "Entwurf". Mas ainda existe a observação freudiana que refere o "Reiz" (excitação em vez de estímulo na tradução da palavra de Freud) a um dado "interno". Ele diferencia claramente esta "excitação interna" de uma necessidade, pois, sendo uma energia não qualificada (não diferencial como fome, sede, etc), longe de ser oscilante em relação ao seu investimento, caracteriza-se justo por ser uma "konstante Kraft", uma força constante. O conceito de pulsão não é o de energia cinética, e sua "constância" nega qualquer identificação a uma função biológica. É um construto hipotético que se refere a uma "tendência à descarga de uma energia indiferenciada", fundamento da possibilidade de um particular modo de relação com o objeto e irredutível às necessidades biológicas. Citando novamente Lacan: "Nós temos que considerar a pulsão (na sua razão econômica) sob a rubrica de 'konstante Kraft' que a sustém como uma tensão estacionária"[44] (p. 165). E esta é uma atividade "de bordo" quanto à sua origem (*Quelle*), necessariamente parcial na marcada referência à zona erógena (zona de interação no dizer sullivaniano), e que se realiza em satisfação inibida quanto ao seu objetivo (*Zielgehemmt*) numa particular relação ao objeto que é a de "contorná-lo". O que a pulsão integra é uma "dialética de arco", segundo a metáfora lacaniana que pretende dizer da circularidade da atividade pulsional, numa mínima referência ao ponto de vista econômico e a um sistema homeostático. A este nível, diz Lacan na sua reformulação semiológica, nenhuma subjetivação do sujeito pode ser pretendida. Na fase do auto-erotismo, antecedente ao narcisismo primário, instaura-se a designação a um objeto perdido que é falta, ausência na incompletude de satisfação pulsiva, inaugural do fantasmático enquanto objeto do desejo. O esquema L, dito topológico, é o que explicita em Lacan[45] esta referência a uma dupla inscrição fundadora da subjetividade. Este esquema demonstra as relações significativas entre sujeito pretendido, sujeito atualizado na sua relação ao objeto do desejo, isto é, no seu fantasmático, e o Outro como lugar do significante:

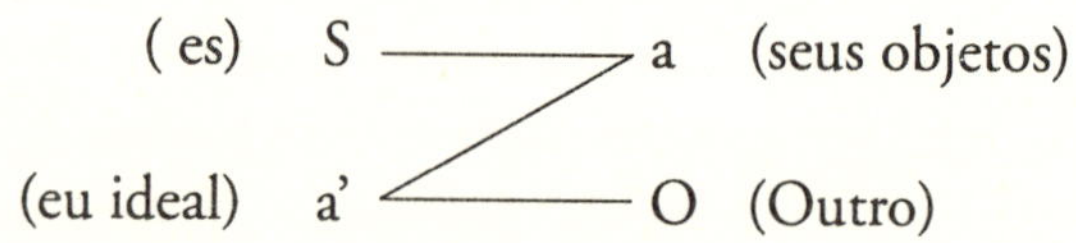

Este, o mais antigo gráfico de Lacan, designa em S o lugar pretendido do sujeito em relação à dimensão aRa' onde o objeto é conceituado na sua função já como objeto de amor (a), na referência à dependência primária, e como objeto de identificação (a'), na dialética da sua referência ao Outro formadora do "eu ideal" (*moi idéal*). Na descrição de André Green[46], é múltipla a função do objeto (aR' que é (1) "elemento indispensável de mediação" do sujeito ao Outro, na referência ao conceito do inconsciente posta no contexto radical de alteridade; (2) é também mediador do sujeito ao "eu ideal" (a), ligando-se às formações de identificação primária na chamada situação especular estruturante; e (3) é ainda objeto do desejo (a' na postulação lacaniana da existência de um eu ideal referido ao narcisismo primário, onde o objeto tem a dupla função de ser, ao mesmo tempo, objeto de amor e objeto de identificação. Constitui-se assim, na dialética básica entre pulsão e objeto, a articulação da intersubjetividade em relação a uma ausência, uma falta, uma incompletude que é a referência ao inconsciente. O conceito de Desejo (*Wunschvorstellung*) seria o que já apareceria como passível de uma formulação articulada em termos estruturados e estruturantes, na sua dupla referência à pulsão e ao objeto. Realiza-se uma "dupla inscrição" na organização da experiência do sujeito em que existe, de um lado, a "coisa" (*Es*) limitante na referência à ordem do corpo, e, do outro lado, o objeto indicando uma ausência, que é o lugar estruturante da linguagem do Desejo.

Este lugar de estruturação do Desejo no Outro revela o Homem como excêntrico a si mesmo na medida em que ele se põe como não realizado, abertura permanente de busca em processo de individuação, ao mesmo tempo que revela o engano da palavra que o diz ser na sua identidade como significado, isto é, na sua reificação defensiva de desempenho (*acting out*). Este lugar, onde se inicia o campo da Psicanálise, é o da demarcação entre o Imaginário e o Simbólico, onde Lacan realiza uma oposição significativa (no mesmo sentido de pertinência em Lingüística estrutural) que delimita também o campo do Real.

Poderíamos aqui, sem pretender esgotar uma leitura de Lacan, apontar a importância dos trabalhos de Lévi-Strauss, sobre os mitos e as relações de parentesco, que destacam o conceito de oposição binária, para a contribuição de Lacan, que tenta mostrar como uma metodologia similar, "lingüística" no seu fundamento, pode ser aplicada às "oposições" da infraestrutura psíquica das fantasias inconscientes e a sua representação na linguagem. A reformulação do conceito do inconsciente como um lugar, não de energia ou entidades, mas como um "locus" da função simbólica, um conjunto de leis sobre as possíveis mensagens do sistema, uma sintaxe ou código (Lévi-Strauss, 1950), é a que realiza a diferenciação entre a ordem do Simbólico, o Imaginário e o Real. O real é simplesmente o que pode ser apontado (como "não eu") e tem um elaborado tratamento conceitual em Lacan que não pode ser aqui discutido em sua extensão. O Imaginário, também organizado em termos estruturais, é o reino das imagens, duplos, e "identificações especulares" onde não existe, por ausência de diferenciação, tanto na referência primária do auto-erotismo quanto na relação narcísica especular, um Outro como referência de construção simbólica, mas apenas "outros" reificados na linguagem do Desejo. Esta noção, provavelmente (no dizer de Wilden)[47], a mais importante contribuição de Lacan à teoria psicanalítica, é derivada de um "estágio" infantil, chamado o "estágio especular" que, resumidamente, é o período em que a criança descobre, em "assunção jubilatória", a própria imagem ao espelho, sintetizadora de uma identificação especular que a põe como "objeto do desejo" na relação à metáfora materna. Existe o suporte, na teoria freudiana, especialmente na sua teoria sobre o narcisismo, para esta visão de uma "alienação" do sujeito em relação a si mesmo, no estabelecimento deste "eu" (*moi*) como um construto "paranóide", fundado na oposição/identidade entre um eu e um outro que é referido a si mesmo. Na descoberta de uma "diferença", é a razão determinante do inconsciente que esta diferença seja oposição (na entrada na ordem do Simbólico quando um terceiro, constituindo a relação triangular edipiana, fere a relação diádica primária). Enquanto vive a relação Imaginária dual com a Mãe metafórica, em que o nome do Pai não entra como terceiro (que vem a representar o Outro Simbólico na diferenciação edipiana do Sujeito), o homem prende-se a uma representação em que o Desejo (*Wunschvorstellung*) é a sua razão determinante.

Poderíamos terminar com uma citação de Althusser[48] (p. 27), que esclarece sobre o apoio que Lacan encontra no uso do seu modelo para a correção que faz da conceituação do Inconsciente: "Lacan não negaria que sem o aparecimento de uma nova ciência, a Lingüística, sua tentativa de teorização seria impossível. [...] A opacidade provisória produzida sobre a teoria freudiana pela superposição do modelo da Física Energética de Helmholtz e Maxwell encontra-se hoje esclarecida pela luminosidade que a Lingüística Estrutural lança sobre o seu objeto, permitindo um acesso inteligível ao mesmo. Freud já havia dito que tudo é linguagem. Lacan precisa: o discurso do inconsciente está estruturado como uma linguagem. Em sua primeira grande obra *A interpretação dos sonhos*, [...] Freud estudou os 'mecanismos' ou 'leis', reduzindo suas variantes a duas: o deslocamento e a condensação. Lacan reconhece nelas duas figuras essenciais designadas pela Lingüística: a metonímia e a metáfora. Assim o lapso, o ato falho, o chiste e o sintoma (a inibição, o sintoma e a angústia) se convertem, como os elementos mesmos do sonho, em (efeitos de) significantes, inscritos na cadeia de um discurso inconsciente, que repetem em silêncio – isto é, com voz ensurdecedora –, dado o desconhecimento da repressão, a cadeia do discurso verbal do sujeito humano. Deste modo (ele) nos introduz ao paradoxo, formalmente familiar à Lingüística, de um discurso duplo e uno, inconsciente e verbal, que por duplo campo não tem mais (para a Psicanálise na sua razão determinativa) que um campo único sem nenhum outro além dele mesmo: o campo da 'cadeia significante'. [...] Deste modo, finalmente, as interpretações filosófico-idealistas do inconsciente como segunda consciência, do inconsciente como má fé (Sartre), do inconsciente como supervivência cancerosa de uma estrutura inatual (anacrônica) ou sem sentido (Merleau-Ponty), todas as interpretações do inconsciente como 'Id' biológico-arquetípico (Jung) convertem-se no que sempre foram: não em um começo de teoria, mas em teorias nulas, em mal-entendidos ideológicos".

Notas e referências bibliográficas

1 Popper, Karl R., *The Logic of Scientific Discovery*, Basic Books Inc., New York, 1959. A prova da refutabilidade de Popper é central para a correção da "ilusão empirista" no discurso da ciência e introduz o jogo estrutural sim-não na constituição do discurso científico. O "critério de demarcação" proposto por Popper não só mantém a relação teoria-práxis numa tensão evolutiva de processo, mas elimina a reiteração da simples confirmação, meramente repetitiva, da linguagem da ciência.

2 Rapaport, David, "The Structure of Psychoanalytic Theory: a systematizing attempt", in Sigmund Koch, editor, *Psychology: A Study of a Science*, volume 3, pp. 55-183, McGraw-Hill Book Company Inc., New York 1959. A idéia de que "todo o comportamento tem determinantes estruturais" que Rapaport retira do seu exaustivo estudo da teoria psicanalítica, define um "ponto de vista estrutural" (p. 153) que fica aquém do conceito de estrutura dado pelo modelo lingüístico como método, mas define bem uma evolução do pensamento psicanalítico na sua passagem das primeiras formulações "biológicas" para se constituir numa linguagem própria que demarca o campo de uma nova ciência.

3 Ricoeur, Paul, *Le conflit des interprétations, essais d'herméneutique*. Editions du Seuil, Paris 1969. A contribuição de Ricoeur, muito valiosa na explicitação das relações entre Psicanálise e Filosofia, ao desdobrar-se em comentários sobre as questões postas por Casteill (p. 184, II. La Psychanalyse comme iconoclasme de l'intime), comete o duplo erro de colocar a Psicanálise como técnica, reduzida à sua prática, e como hermenêutica histórica, onde o discurso psicanalítico só poderia ser conjetural.

4 Rapaport, David, editor, *Organization and Pathology of Thought*, Columbia University Press, New York 1951 (p. 689, "Toward a Theory of Thinking"). É importante, na concepção estrutural, a passagem de um "modelo primário de afeto", "um modelo secundário de ação", para um "modelo secundário de cognição" e um "modelo secundário de afetos", valorizada, na exegese que

Rapaport faz da obra freudiana, com a postulação da função da ausência do objeto como determinante do primeiro modelo estrutural.

5 Merleau-Ponty, M. no importante prefácio ao livro de A. Hesnard *L'oeuvre de Freud* (Payot, Paris 1960), em que Merleau-Ponty, depois de uma pertinente crítica ao esquema conceitual da Psicanálise, redime o uso de "metáforas mecanicistas e energéticas" na obra freudiana sugerindo o valor da descoberta do determinismo genético. Em suas palavras: "Du moins les métaphores énergétiques ou mécanistes gardent-elles contre toute idéalisation le seuil d'une intuition qui est une des plus précieuses du freudisme: celle de notre archéologie" (p. 9).

6 Binswanger, L., *Being-in-the-World.* Basic Books Inc., New York 1963. A extensa introdução de Jacob Needleman expõe com clareza não só a pertinência, mas também os excessos críticos do pensamento de Binswanger em relação à Psicanálise. A diferenciação do fato natural do fato humano, resolvida no modelo lingüístico, responde à restritiva demarcação que dá Binswanger ao campo da ciência. Leia-se também a restritiva concepção de um "freudianismo", na crítica que faz Binswanger à concepção freudiana de um "homo natura": (Binswanger, L., "Mein Weg zu Freud", em *Der Mensch in der Psychiatrie*, Pfullingen: G. Neske, 1957, pp. 37-61).

7 Reich, Wilhelm, *Character-Analysis*, Organe Institute Press, New York, 1949.

8 Freud, Anna, *Das Ich und Die Abwehrmechanlsmen*, Imago Publishing Co., London, 1946.

9 Hartmann, Heinz, *Ego Psychology and the Problem of Adaptation*, International Universities Press, New York, 1961; e Hartmann, Heinz, *Essays on Ego Psychology*, The Hogarth Press, London, 1964.

10 Erikson, Erik H., *Identity and the Life Cycle*, International Universities Press, New York, 1959. A Introdução de David Rapaport faz um resumo da evolução histórica da chamada psicologia do ego, valorizando em especial a contribuição de Erikson com a noção da epigênese do ego e o papel determinante da realidade social; e Erikson, Erik H., *Childhood and Society*, W. W. Norton & Co., New York, 1950.

11 Gill, Merton M. and Klein, George S., "The Structuring of Drive and Reality, in *The Collected Papers of David Rapaport*, edited by Merton M. Gill, Basic Books Inc., New York, 1957.

12 Kris, E., *Psychoanalytic Explorations in Art*, International Universities Press, New York, 1952; e Loewenstein, R. M. "Conflict and Autonomous Ego

Development during the Phallic Phase", *Psychoan. Study Child,* 5, 47-52, International Universities Press, New York, 1950.

13 *A referência é principalmente ao texto de* O ego e o id *(Sigmund Freud,* The Ego and the Id, *Standard Edition,* 19, 12-59, Hogarth Press, London, 1961.

14 Rapaport, David, "Discussion at Mass Communications Seminar", Chapter 42 in *The Collected Papers of David Rapaport,* edited by Merton M. Gill, Basic Books Inc., New York, 1967.

15 Horney, Karen, *The Neurotic Personality of Our Time,* W. W. Norton Publ., New York, 1937; e Horney, Karen, *New Ways In Psychoanalysis,* W. W. Norton Publ., 1939.

16 Rapaport, na obra citada, dá aos "referentes psicossociais" uma última posição na evolução do pensamento psicanalítico (p. 67) referindo-se a um quinto "nível de análise", da seguinte maneira: "(1937-1946) os referentes psicossociais cristalizam-se nos trabalhos de Horney, Kardiner, e Sullivan, de um lado, e os de Erikson e Hartmann de outro".

17 Sullivan, H. S., *Conceptions of Modern Psychiatry,* William Alanson White Psychiatric Foundation, Washington, D.C., 1947; e Sullivan, H. S., *The Interpersonal Theory of Psychiatry,* Norton, New York, 1953.

18 Guntrip, Harry, *Personality Structure and Human Interaction,* The Hogarth Press, London, 1961.

19 Guntrip, Harry, *Psychoanalytic Theory, Therapy, and the Self,* The Hogarth Press, London, 1971.

20 Guntrip, Harry, "Science, Psychodynamic Reality and Autistic Thinking", *The Journal of the American Academy of Psychoanalysis,* Vol. I, Number I, 3-22, 1973.

21 Grinker, Roy R., "Conceptual Progress in Psychoanalysis", in *Modern Psychoanalysts, New Directions and Perspectives,* edited by Judd Marmor, Basic Books Inc., New York, 1968 (p. 32).

22 Boudon, R., *A quoi sert la notion de structure,* Editions Gallimard, Paris, 1968.

23 Saussure, Ferdinand de, *Cours de linguistique générale,* Payot, Paris, 1968.

24 Jakobson, R., *Essais de linguistique générale,* Ed. de Minuit, Paris, 1963; e Jakobson, R., *Langage enfantin et aphasie,* Ed. de Minuit, Paris, 1969.

25 Prieto, Luis J., "La découverte du phonème: interprétation épistémologique", *La Pensée,* nº 148 (35-53), Dezembro, 1969.

[26] Lévi-Strauss, C., *Anthropologie structurale*, Librairie Plon, Paris, 1947: e Lévi-Strauss, C., *Les structures élémentaires de la parenté*, Mouton & Co., Paris, 1967.

[27] Sperber, Dan, "Le structuralisme en anthropologie", em *Qu'est-ce que le structuralisme*, pp. 169-238, Editions du Seuil, Paris, 1968.

[28] Lacan, J., "Fonction et champ de la parole et du langage en psychanalyse", *Écrits* (237-322), Editions du Seuil, Paris 1966. Este artigo, conhecido entre os "lacanianos" como o "discurso de Roma", é o que associa definitivamente a Psicanálise ao modelo lingüístico. Citando Lacan (pp. 258 e 259) em relação a noção do inconsciente: "O inconsciente é esta parte do discurso concreto enquanto transindividual que não está à disposição do sujeito para restabelecer a continuidade do seu discurso consciente. [...] O Inconsciente é este capítulo de minha história que é marcado por um vazio ou ocupado por uma mentira: é o capítulo censurado".

[29] Granger, Gilles-Gaston, *Pensée formelle et sciences de l'homme*, Aubier-Montaigne, Paris, 1957 (p. 55).

[30] Hesnard, A., *De Freud à Lacan*, Les Editions ESF, Paris, 1971.

[31] Sapir, Edward, *Selected Writings of Edward Sapir In Language, Culture and Personality*, edited by David G. Mandelbaum, Univ. of California Press, Los Angeles, 1958; e Whorf, Benjamin L., *Language, Thought and Reality*, edited by John B. Carroll, John Wiley & Sons, New York, 1955. Weinstein em um simposium organizado no W. A. White Institute de New York, sobre a "Psicanálise como ciência do homem" (Weinstein, E. A., "Symbolization and the Sapir-Wharf Hypothesis", in *Contemporary Psychoanalysis*, Vol. 9, nº 2, February 1973), resume a hipótese dos dois lingüistas: "A idéia central da hipótese de Sapir-Whorf é a de que a linguagem não é simplesmente um instrumento para relatar a experiência, mas, de um modo mais significativo, ela define a experiência para os falantes". Provavelmente a primeira formulação desta hipótese está num artigo de Edward Sapir de 1929, em que ele diz: "Os seres humanos não vivem apenas um mundo objetivo, nem no mundo da atividade social somente [...] mas estão muito determinados pela linguagem que é o meio de expressão de uma sociedade particular. [...] É uma ilusão imaginar que alguém se ajuste à realidade essencialmente sem o uso da linguagem e que a linguagem é só um modo acidental de resolver problemas específicos de comunicação [...] o mundo real é, em grande extensão, construído pelos hábitos lingüísticos do grupo [...] (a linguagem) é uma organização criativa simbólica limitada por si

mesma que não se refere apenas à experiência [...] mas determina a definição da experiência pela sua completude formal e pela projeção inconsciente de suas implícitas antecipações no campo da experiência". Benjamin Whorf, discípulo de Sapir, mostrou como as linguagens das culturas européias predeterminavam modos culturais. A nossa forma de verbo dividindo a experiência em passado, presente e futuro predispõe, na interpretação de Whorf, para uma dominante orientação temporal, finitude e idéias de seqüência e causalidade, incorporadas em idéias científicas e sistemas legais. Em contraste, os índios Navaho não designam passado, presente e futuro em formas gramaticais construídas na sintaxe da língua. As formas sintáxicas em Navaho indicam o tipo de experiência; quando o índio diz que choveu, por exemplo, sua sintaxe indica se ele viu realmente a chuva ou se teve uma simples indicação de que choveu, ou se alguém lhe informou a respeito. Nas palavras de Sapir: "A linguagem disseca a natureza".

32 Watzlawlck, P., Beavin, J. H. and Jackson, Don D., *Pragmatics of Human Communication*, W. W. Norton & Co., New York, 1967. Este livro apresenta didaticamente o desenvolvimento dos trabalhos de Jackson, Bateson e Haley que, a partir de um modelo cibernético elaborado em "teoria da informação", constroem uma "pragmática das interações humanas" com uma referência central ao fato da linguagem.

33 Lacan, J., "Réponses à des étudiants en Philosophie sur l'objet de la Psychanalyse", *Les Cahiers pour l'analyse*, nº 3, Maio-Junho 1966. Esta citação de Lacan merece ser integralmente reproduzida porque é a mais clara definição da Psicanálise como ciência, opondo-se radicalmente a qualquer "antropologismo": (p. 12). "L'Anthropologie la meilleure ne peut aller plus loin que de faire de I'homme l'être parlant. Je parle moi-même d'une science définie par son objet. [...] En fait la Psychanalyse réfute toute idée jusqu'ici présentée de l'homme. II faut dire que toutes, tant qu'elles fussent, ne tenaient plus à rien des avant la psychanalyse. L'objet de la psychanalyse n'est pas l'homme; c'est ce que lui manque, non pas manque absolu, mais manque d'un objet. [...] C'est pourquoi la psychanalyse comme science sera structuraliste, jusqu'au point de reconnaître dans la science un refus du sujet".

34 Miller, Jacques-Alain, "La suture (Eléments de la logique du signifiant)", et Duroux, Yves, "Psychologie et logique", *Cahiers pour l'analyse*, nº 1 et 2, Paris, 1955.

35 "Fort! Da!", os dois fonemas emitidos pela criança no jogo assinalado por Freud como de compensação e controle em relação ao desaparecimento da

figura materna (Sigmund Freud, *Beyond the Pleasure Principle*, SE XVIII, pp. 14-15), exemplar da compulsão à repetição. Lacan dá à compulsão à repetição (automatismo de repetição, insistência da cadeia do significante) um valor de operador universal na constituição da subjetividade e à entrada na ordem do simbólico como campo intersubjetivo. Em "Fonction et champ de la parole et du langage en psychanalyse", p. 319: "Fort! Da! é bem já na sua solidão que o desejo da criança torna-se o desejo de um outro, de um 'alter-ego' que a domina e cujo objeto do desejo é referido a si mesma [...] Assim o símbolo se manifesta como a morte da coisa (*es*) e esta morte constitui no sujeito a eternização de seu desejo". E em "D'une question preliminaire a tout traitement possible de la psychose" (*Écrits*, Editions du Seuil, Paris 1966), p. 575: "Nós ensinamos seguindo Freud que o Outro é o lugar desta memória que ele descobriu sob o nome de inconsciente, memória que ele considera como objeto de uma questão que se mantém aberta enquanto ligada à indestrutibilidade de certos desejos. A esta questão nós respondemos com a concepção da cadeia do significante inaugurada pela simbolização primordial (que o jogo Fort! Da! trazido à luz por Freud na origem do automatismo de repetição torna manifesto), esta cadeia desenvolve-se segundo ligações lógicas cuja apreensão sobre o que está para ser significado, a saber, 'o ser que é', se exerce pelos efeitos do significante descritos por nós como metáfora e metonímia". E p. 594: "Fort! Da! [...] Ponto de inseminação de uma ordem simbólica que preexiste ao sujeito infantil e na qual ele terá que se estruturar".

36 Um produto lógico é o concebido numa relação de interseção, irredutível portanto aos elementos dos dois conjuntos (pulsão/objeto) que entram em relação de interseção.

37 Lacan, J., "L'inconscient Freudien et le nôtre", p. 21 no *Le Séminaire, livre XI*, Editions do Seuil, 1973.

38 Lacan, J., "La psychanalyse et son enseignement" (437-458), *Écrits*, Editions du Seuil, Paris, 1966.

39 Lacan, J., *Le Séminaire, livre I*, Editions du Seuil, Paris, 1973. Leia-se "De l'amour à la libido", p. 180: "le sujet, *in initio*, commence au lieu de l'Autre (en tant que là surgit le premier signifiant) [...] un signifiant est ce qui représente un sujet (non pas pour un autre sujet) [...] mais pour un autre signifiant".

40 Green, Andre, "L'objet (a) de J. Lacan, sa logique, et la théorie freudienne", *Cahiers pour l'analyse*, nº 3, maio-junho 1966 (15-37).

41 Lacan, J., "Subversion du sujet et dialectique du désir dans l'inconscient freudien", *Écrits* (pp. 793-827), Editions du Seuil, Paris, 1966. Este é o texto onde mais extensamente se trata das relações entre o conceito de Desejo e o Inconsciente, nos termos dialéticos de um Estruturalismo Lingüístico.

42 O valorizado trabalho de James Strachey, não só de tradução mas também de edição e anotação das obras completas de Freud (*The Standard Edition*, London, The Hogarth Press and The Institute of Psycho-analysis), não é atingido por esta crítica, muitas vezes repetida na literatura psicanalítica, mantendo-se com todos os seus outros achados nesta Edição insuperada. Lacan retoma esta crítica, especificamente mostrando como o termo "pulsion", em francês ("drive" em inglês), estaria fazendo mais justiça à tentativa freudiana de construir uma "linguagem psicológica".

43 Freud, Sigmund, *Instincts and their vicissitudes* (Triebe und Triebschicksaie), SE XIV (111-140), The Hogarth Press, London 1957.

44 Lacan, J., "La pulsion partielle et son circuit" (p. 165), *Le Séminaire, livre XI*, Editions du Seuil, 1973.

45 Lacan, J., "Le Séminaire sur 'La lettre volée'" (p. 53), *Écrits*, Editions du Seuil, Paris, 1966.

46 Green, Andre, "L'objet (a) de J. Lacan, sa logique, et la théorie freudienne", *Cahiers pour l'analyse*, 3 (pp. 15-37), maio-junho 1966.

47 Wilden, A., "On Lacan: Psychoanalysis, Language, and Communication", *Contemporary Psychoanalysis*, Vol. 9, nº 4, Agosto 1973 (445-470); e Wilden, A., *System and Structure: Essays In Communication and Exchange*, Tavistock Publications, London, 1972.

48 Althusser, Louis, "Freud et Lacan", *La nouvelle critique*, nº 161-162, Paris, 1964-1965.

Horus Vital Brazil: suas paixões, a psicanálise e a SPID[1]

*Leila Bittencourt Brazil**
*João Rodolfo do Prado***

No sete de maio deste ano, o doutor Horus faria 80 anos de vida. No dia seis, a humanidade lembra os 150 do nascimento de Freud. Sem dúvida, meu pai estaria muito contente com esta dupla comemoração. Assim, antes de mais nada preciso agradecer à SPID pela sensível percepção de aproximar estas duas datas. Afinal, manter a palavra dele em circulação é sustentar seu objetivo maior – a transmissão da psicanálise –, o que concretizou tanto pela vida institucional, como por seu ensinamento e publicações.

Neste contexto, dou especial importância à divulgação de sua obra entre os estudantes e os psicanalistas mais jovens, que não tiveram contato, ou o tiveram durante muito pouco tempo, com o Dr. Horus. Para todos nós, mas principalmente para eles, é que pensei em falar um pouco do trabalho dele, que se confunde com suas paixões. E esta, provavelmente, é a lembrança mais forte: seu profundo amor, sua transbordante paixão por um trabalhar que acabou por se converter em prática psicanalítica, esforço de todos os dias que só se interrompeu poucos dias antes de sua morte.

Não será exagero dizer: quando se tornou impossível trabalhar, e trabalhar neste caso era exatamente transmitir a psicanálise, encerrar seu último curso, o desejar se tornou seu desafio final.

Meu desafio, aqui e agora, é conseguir chegar ao final deste escrito. Num outro lugar talvez fosse mais fácil, mas nesta encruzilhada de destinos as coisas ficam complicadas. Afinal, falo como psicanalista, que homenageia o colega tão erudito e de uma sensibilidade clínica extraordinária; falo também como membro da Sociedade de Psicanálise Iracy Doyle; e ainda

* Membro associado da Sociedade de Psicanálise Iracy Doyle.
**Membro associado da Sociedade de Psicanálise Iracy Doyle.

mais difícil, como filha que foi única por mais de 20 anos (e tenho uma irmã que também é filha única...), que cresceu entre tantos livros (nos últimos tempos, meu pai falava de seu amor pelos livros e que não conseguia parar de comprá-los pelo prazer de tê-los), ouvindo música barroca (mais recentemente ele se dedicava ao chorinho) num ambiente que cheirava a Half and Half e outros fumos para cachimbo.

Mas falar do trabalho do doutor Horus é tocar na marca do pai. Afinal, ele nasceu dentro do Instituto Butantã, criado por seu pai, Vital Brazil Mineiro da Campanha, para permitir suas pesquisas científicas e a produção de soro anti-ofídico. Já em Niterói, no Instituto Vital Brazil, ele trabalhou e desenvolveu trabalhos de pesquisa ainda muito jovem. Naquele tempo, porém, ele tinha duas paixões: ser geólogo (como acabou sendo seu heterônimo, João Navarro) e estudar filosofia.

Mas o caminho que trilhou foi o da Medicina. Pretendia ser médico sanitarista, mas seu primeiro emprego importante foi dirigir um hospital em Colatina, Espírito Santo, tendo como parceiro outro recém-formado, Carlos Augusto Bittencourt Silva, o grande amigo de toda a vida, assim como Hélio Pellegrino. As condições eram muito precárias – tanto as do hospital, como as particulares –, mas foi um tempo de treinamento, estudo, experimentação.

Nos seus últimos tempos de vida, meu pai gostava muito de lembrar as dificuldades e as vitórias naquele precário hospital. Chegou mesmo a dizer que era o trabalho do qual mais se orgulhava. Talvez porque ali pudera desenvolver suas qualidades maiores: estudar muito, investigar, ousar, correr os riscos das aventuras do saber, abrir caminhos para uma vida melhor daquela gente necessitada, aprender e ensinar fazendo.

Estas características vão encontrar um campo fértil em seu trabalho seguinte, como médico da Aeronáutica. Vale dizer que aí houve o cruzamento de duas paixões: a medicina (naturalmente investigativa) com a aviação, que ele tivera de abandonar depois de muito treinamento no aeroclube de Niterói, não sem viver antes fortes emoções. Em especial, uma pane sobre a baía de Guanabara, que exigiu perícia para a planagem até a pista do aeroporto em Charitas. Esta história ele sempre contou com indisfarçável orgulho e merece lugar especial numa família que tem pelo menos outros dois pilotos.

Na Aeronáutica, onde tinha a incumbência de avaliar os pilotos, ele encontrou toda uma parafernália para testes psicológicos que praticamente não era utilizada. Aí, por conta própria, enfrentou pilhas de manuais e acabou estabelecendo as bases de um serviço de avaliação psicotécnica. Sua atividade acabou influenciando diversos colegas, que, como ele, foram depois para o mundo psicanalítico. Na verdade, quem talvez possa ajudar a contar melhor esta história é o Samuel Faro, hoje o participante mais antigo da SPID.

Ao fazer estas rememorações, creio ser necessário dizer que eu nasci quando meu pai tinha apenas 20 anos. Assim, desde Colatina pude compartilhar de todos esses avanços e seus inevitáveis tropeções. E tinha dez anos quando, no final dos anos cinqüenta, ele foi fazer sua formação no Willian White Institute, em Nova York, um momento crucial para o então Instituto de Medicina Psicológica.

Nesta altura, é preciso voltar atrás alguns anos. Quando tomou a decisão de se tornar psicanalista, Horus procurou Iracy Doyle, sua primeira psicanalista. Ela fundara o IMP e iniciara a formação de um primeiro grupo de médicos – Hélio Pellegrino, Hélio Tolipan, Ivan Ribeiro, Edson Lannes, entre outros. Sua morte repentina criou um impasse, resolvido com a decisão de que meu pai iria terminar a formação em Nova York, juntamente com Urano Alves e Magdalena Pimentel, ficando o doutor Jaime Pereira garantindo a existência do IMP. Urano e Magdalena ficaram pouco tempo nos Estados Unidos, mas meu pai concluiu seus estudos e desenvolveu sua análise com Clara Tompson e Gerard Chrzanowski.

A passagem pelo William Allanson foi crucial para o percurso psicanalítico de meu pai. Ele contava que a instituição, naquele momento, vivia um momento de fortes embates teóricos, mediados com sabedoria e eficiência por Clara Tompson. Isto lhe deu a clareza de que a psicanálise não só não era feita de caminhos fechados, mas principalmente exigia de cada psicanalista a montagem, a construção de uma práxis, mantendo indissolúvel a dialética entre prática e teoria. Outra marca definitiva deste tipo foi a opção pelo pluralismo, com a opção pela criatividade individual se opondo à figura de mestres e de escolas.

De volta ao Rio de Janeiro, Horus centraliza a reabertura do IMP, que logo ganha espaço no ambiente psicanalítico brasileiro. Por conta da ênfase sócio-histórica, alicerçada no pensamento de autores como Sullivan e Erich Fromm, o IMP fica conhecido como "culturalista". Para ele, o essencial era sustentar o pensamento psicanalítico tal como fora inventado por Freud, o que o levou a se posicionar contra os fisicalismos e os reducionismos do modelo médico.

Assim, ganha especial importância (tanto na sua obra, como para a psicanálise brasileira) seu primeiro trabalho individual publicado no Brasil: "A metapsicologia – um ensaio crítico", que está no primeiro volume da série *Conscientia*, publicado pela Editora Vozes em 1974. Meu pai era o orientador editorial da coleção, inaugurada como o tema "A psicanálise em crise".

Vale destacar que, nesta época, ele também concebe a revista *Tempo Psicanalítico*, um de seus maiores orgulhos e que hoje lança seu trigésimo sétimo número.

O tom do trabalho aparece logo na abertura da apresentação do volume, feita por Hélio Pellegrino: "O inconsciente é, fora de dúvida, a *coisa freudiana* por excelência". E mais adiante ele afirma: "Nos dias que correm, a espécie de consciência que se arroga a virtude de um saber sem crítica e sem dúvida, a respeito de si própria e do mundo, descai inevitavelmente e se transforma em ideologia, ou – o que dá no mesmo – num esforço de falsa racionalidade e de falso conhecimento, sob cujo véu encobridor se ocultam todas aquelas forças que pretendem negar no homem sua dignidade, autonomia e liberdade".

O artigo de meu pai mostra uma forte inflexão de seu pensamento. Ao montar uma perspectiva da teoria psicanalítica, ele se alia aos críticos de um modelo "biológico, fisicalista e mecanicista, que se define na teoria da libido em sua forma ortodoxa", o qual teria funcionado "como um bloqueio ao desenvolvimento da psicanálise como ciência". Os entraves principais seriam os ponto de vista econômico e, principalmente, o genético. A saída deste modelo se faz, então, por uma perspectiva estrutural, progressivamente se considerando as relações objetais como definidoras de um "campo alteritário determinante", o que levaria ao "fato da significação". O trabalho, após destacar uma série de autores, como Karen Horney, Harry Stack Sullivan e Fairbain, faz então uma apresentação do pensamento de Jacques Lacan, a partir de suas relações com a antropologia de Lévi-Strauss e a lingüística de Saussure.

Este texto – simples, didático – abre uma longa e árdua produção, que vai se materializar em dezenas de artigos e três livros, todos voltados para a construção de um pensamento voltado para a transmissão da psicanálise. Nesta tarefa, o trabalho de meu pai se desdobra em dois amplos movimentos, sempre tendo a SPID como núcleo produtor, mas estimulador da troca e da ampliação da psicanálise.

Um desses movimentos é a busca de uma integração internacional, o que se concretiza na fundação da International Federation of Psychoanalytic Societies, da qual participou intensamente e para a qual procurou atrair e construir parcerias com outras instituições brasileiras. Além de ter participado de inúmeros fóruns internacionais da IFPS, meu pai foi figura central na montagem e realização do oitavo fórum, realizado em 1988 no Copacabana Palace, que continua entre um dos maiores e mais importantes encontros internacionais de psicanalistas realizados no Brasil.

O outro movimento foi muito mais trabalhoso e visou dialetizar e aprofundar o rigor dos fundamentos institucionais da SPID. Assim, a reforma estatutária de 1982 representou um avanço conceitual no campo da formação psicanalítica, com profundas alterações na relação saber/poder, expressas principalmente pela extinção da figura do analista didata. Cerca de 20 anos mais tarde, um longo processo de reformulação contou com sua participação ativa, especialmente nos debates em encontros e assembléias.

A caminhada de Horus Vital Brazil, da qual destaquei apenas alguns marcos, me inspira como psicanalista e me enche de orgulho como filha, uma filha que procurou estar ao seu lado ao longo de cinqüenta e tantos anos. Assim foi em Nova York, como em tantas férias de fim de ano passadas arrumando a biblioteca do IMP, ainda na antiga sede da Rio Branco. E também, como não poderia deixar de ser, em muitas discussões e embates, quando comecei, também, a participar da Sociedade.

No seu último ano de vida, todas essas trilhas foram retomadas, em longas conversas e em discussões sobre o futuro. Primeiro a necessidade de terminar e publicar o que seria seu último livro sobre psicanálise e, também, seu primeiro livro de poesias. Depois a necessidade imperiosa de participar da festa de casamento da minha irmã mais nova, Liana. Depois, ainda mais, as conversas sobre o curso que daria no primeiro semestre de

2005, que muitas vezes se desdobravam no que discutiria no semestre seguinte. Longas conversas, esperanças, muita coragem.

Aquele último ano começou às sete e meia da manhã de 29 de junho. Estava na cozinha da casa do meu pai, esperando para irmos ao Pró-Cardíaco fazer os exames que acabariam fechando o diagnóstico. Ele entra um pouco abatido, mas sempre pontual e elegante. E me saúda com uma frase da vida toda e que nunca consigo esquecer:

– Oh, meu bem! Você já está aí?

E acrescenta:

– Olha que coincidência a poesia que saiu ontem na revista da Folha de São Paulo. É uma tradução, mas é a melhor possível.

E começa a declamar, com o mesmo vigor e encantamento com que recitava Shakespeare, arriscava-se numas árias de ópera, enfrentava tangos.

No final, nós dois chorávamos. Foi nosso último choro juntos.

A poesia, de Dylan Thomas, chamava-se "Não vás tão docilmente". E merece ser relida:

Não vás tão docilmente nesta noite linda:
Que a velhice arda e brade ao término do dia;
Clama, clama contra o apagar da luz que finda.

Embora o sábio entenda que a treva é bem vinda
Quando a palavra já perdeu toda a magia,
Não vai tão docilmente nessa noite linda.

O justo, à última onda, ao entrever, ainda,
Seus débeis dons dançando ao verde da baía,
Clama, clama contra o apagar da luz que finda.

O louco que, a sorrir, sofreia o sol e brinda,
Sem saber que o feriu com a sua ousadia,
Não vai tão docilmente nessa noite linda.

O grave, quase cego, ao vislumbrar o fim da
Aurora astral que o seu olhar incendiaria,
Clama, clama contra o apagar da luz que finda.

Assim, meu pai, do alto que nos deslinda,
Me abençoa ou maldiz. Rogo-te todavia:
Não vás tão docilmente nessa noite linda,
Clama, clama contra o apagar da luz que finda.

NOTAS

1 O texto foi lido por Leila Bittencourt Brazil na Jornada Externa da SPID.

Impressão digital – um achado clínico ou escafandrista das emoções

*Angela Coutinho**

Freud inventou a psicanálise inaugurando um campo novo, o da experiência do inconsciente, sobretudo no plano de uma prática. O inconsciente não foi prioritariamente articulado a um discurso sobre o sujeito, a um sistema filosófico, mas a uma práxis que é um modo de intervenção no mundo, um novo modo de responder à queixa do sujeito sobre seus males. O psicanalista é um pesquisador mergulhado na experiência do inconsciente, um garimpeiro.

Lacan (1964/1998: 20) lembra o escândalo que Picasso provocou ao afirmar: eu não procuro, acho. Aqui, podem ser identificados dois domínios distintos, aquele em que se procura e aquele em que se acha. Na pesquisa que procura há um já achado que está sempre por trás; neste sentido é uma pesquisa complacente, que tem afinidade com o discurso religioso: "Não me procurarias se já não me tivesses achado". Qual seria o diferencial da pesquisa que se acha? Neste caso, o achado é sempre algo surpreendente. Como um garimpeiro, ou um escavador de baixos fundos, o psicanalista, tal como o genealogista, é sempre surpreendido pelo que acha. Ele se detém nos detalhes, acompanhando a trilha que o analisando vai delineando ao longo dos encontros e, quando menos espera, um novo achado. Por isso a clínica é soberana, sendo o lugar do acontecimento por excelência. Um achado é o que advém e nos pega no contrapé, sem aviso prévio, o que não se pode antecipar, é o que nos atravessa, nos ultrapassa. E é o que faz a análise produzir efeitos. Só *a posteriori* tecemos algumas conjecturas para tentar elucidar o enigma caso a caso, enigma que, embora decifrado, permanece um enigma. O que faz uma análise funcionar?

---

* Membro Psicanalista da SPID.

Um efeito pode surgir e se operar quando determinadas circunstâncias estão presentes, mesmo inexplicáveis a princípio, envolvendo sempre um ato. É uma aposta ética que nos norteia, aposta de fazer a análise avançar.

Ao abordar a questão da causa no seminário XI, Lacan faz menção a uma peça de Molière datada de 1666, denominada "Le médecin malgré lui".

A peça é uma comédia de um gênero particular, é uma farsa. Sganarelle é o personagem principal, simples lenhador que se vê envolvido num equívoco que o faz ser médico à força. Sua mulher é com freqüência espancada brutalmente por ele e um dia ela resolve se vingar, espalhando um boato para terceiros: se for espancado violentamente, ele confessa ser médico. Dito e feito: depois de muito apanhar, ele não vê outra alternativa. É assim constrangido pela força a assumir a condição de médico e se vê tendo que cuidar de Lucinda, uma jovem que havia ficado muda. Muitos médicos tentaram, em vão, curá-la de sua mudez inexplicável. O pai da moça, homem importante e poderoso da região, convoca Sganarelle para que ele descubra a causa do mal que acometeu a jovem. Ao ser pressionado, ele se dispõe a examinar Lucinda. Não faz idéia do que procurar, acaba por lhe tomar o pulso, fica se debatendo com a questão que a doença da moça lhe coloca, recorre aos mais criativos expedientes. Sganarelle se esforça para encontrar uma saída, disfarça como se "estivesse de posse de segredos admiráveis" e, afinal, conquista a confiança da moça quando, de fato, já não sabia mais o que fazer. Abre-se entre eles um campo de diálogo e Sganarelle indaga qual é a questão, pergunta o que ela tem, que mal sente, e a moça tenta responder por sinais, tenta se comunicar, mas sua linguagem é ininteligível. Sganarelle, embora não possuindo uma especial qualificação para tal função, é, malgrado ele mesmo, à força, colocado naquele lugar onde seu saber é suposto e lhe creditam confiança; é por isso que mantém essa posição, suportando-a sem se confundir com ela e acaba descobrindo – como um achado – a causa do mal de Lucinda.

Molière constrói para o herói um desfecho em que só encontrará uma solução em relação à causa mantendo certa posição, sendo inútil a discussão no plano dos argumentos e do saber.

Aludindo à peça de Molière, Lacan assinala que, quando se trata do sujeito, "pode-se ter a impressão de que, por todo um campo, tudo é explicado de antemão. Mas à análise não cabe encontrar, num caso, o traço diferencial da teoria e querer explicar, com ele, por que sua filha é muda –

pois o de que se trata é de fazê-la falar e esse efeito procede de um tipo de intervenção que não tem nada a ver com a referência ao traço diferencial" (Lacan, 1964/1998: 20). A análise consiste em fazê-la falar, resume-se à suspensão do mutismo.

> O sintoma é, de começo, o mutismo do sujeito suposto falante. Se ele fala, está curado de seu mutismo, evidentemente. Mas isto não nos diz de modo algum por que ele começou a falar. Isto nos designa apenas um traço diferencial que, no caso da menina muda, é, como era de se esperar, o da histérica. Curar a histérica de seus sintomas deixa fora do campo a questão especifica do por quê. A causa se distingue do que há de determinante numa cadeia, da lei. Cada vez que falamos de causa, há sempre algo de anticonceitual, de indefinido, de abertura, uma hiância (Lacan, 1964/1998: 20).

Na peça de Molière, em sua crítica mordaz à medicina ele mostra que, em termos de saber, de cada traço diferencial da teoria, tudo o que Sganarelle pudesse dizer sobre o que está ali em função de causa do mutismo da moça é estéril, inútil. Discorrer, especular sobre o que está acontecendo ali só pode levar ao equívoco. Ao analista Sganarelle cabe sustentar a questão sobre a causa e fazê-la falar, deixá-la agir. Manter aberta a hiância característica da função da causa, pois "nessa hiância alguma coisa acontece" (Lacan, 1964/1998: 30).

O psicanalista, como Sganarelle, é "médico à força" ao ser confrontado com a questão da causa[1]. Em ambos encontramos a mesma dificuldade de formulação, um embaraço de contar apenas com os termos do discurso teórico que não dá conta do que, por definição, escapa a este discurso. Tentar transmitir algo do que se passa em cada análise, em relação ao que opera em função de causa, é algo constrangedor e sempre falacioso.

Assim, o traço diferencial da teoria, isto é, o discurso teórico acerca da constituição e do funcionamento psíquico, incluindo aí diferentes estruturas clínicas, pode de antemão explicar uma situação clínica particular. Contudo, na prática, o que importa é fazer a análise funcionar. O analista é causa do movimento. A intervenção do analista move a análise.

Vou tentar ilustrar através de um achado clínico a perplexidade com que nos defrontamos e que muitas vezes tentamos tamponar, apaziguar com teorias explicativas. Freud nos ensinou que em se tratando de um processo analítico somente *a posteriori* podemos tecer algumas conjecturas para tentar elucidar teoricamente o que se passou. Neste relato, quero compartilhar esse mistério, no momento preciso em que fomos surpreendidos, antes mesmo de fazer germinar qualquer teoria explicativa. Quero aqui compartilhar de um enigma que permanece enigma.

Logo de início, me foi lançado um enigma: impressão digital. Alegre, inteligente e bem desenvolvido, já sabendo ler e escrever até de trás para frente, muitos amiguinhos, afetivo, excelente relacionamento com os pais, tudo ia às mil maravilhas com aquele menininho de cinco anos se não fossem dois incômodos sintomas: o primeiro era em relação a limites. Ia com qualquer desconhecido que o chamasse, andava pelo *shopping* na frente dos pais sem olhar para trás e se perdia com freqüência. Além disso, Paulo tinha um verdadeiro pânico diante da hipótese de fazer cocô no vaso; dizia pra mãe que "não queria deixar cair". Seus pais já haviam tentado de tudo, desde as maiores chantagens emocionais até os castigos mais duros. De nada adiantava. Ele abria mão de qualquer coisa, mas só fazia cocô se lhe pusessem a fralda. Quando os pais se recusavam a isso, ele simplesmente retinha as fezes. Numa ocasião ficou dez dias sem evacuar. Seus pais já não sabiam mais o que fazer e resolveram procurar análise para o filho.

A primeira coisa que Paulo faz em nosso primeiro encontro foi me mostrar seu dedo machucado, de tanto tirar pelinhas em volta da unha. Examino-o, pego um lenço de papel, enrolo no seu dedinho e prendo com durex. Ele fica todo contente e vai mostrar para a mãe. Em seguida, descobre a argila, lambuza-se todo e decalca suas mãozinhas no papel e em cima de cada uma coloca um pedaço de argila. O que é isso? Impressão digital, é sua resposta lacônica. Repete a mesma coisa em mais quatro folhas, sendo que os pedaços de argila, nas mãos decalcadas, vão aumentando a cada vez, até que no último trabalho os montinhos de argila ocupam quase metade da mão. Impressão digital, responde sempre com o mesmo tom contundente.

Essa foi uma primeira tentação de escapar ao inusitado do acontecimento com explicações racionais, com uma pesquisa complacente, aquela em que se procura o que já se achou, o já achado, garantido pela teoria. Por aí não se vai além do que se sabe. Venci a primeira tentação e fiquei mais tomada pela perplexidade, mantendo a teoria em "reserva de uso". Essa noção é crucial para mim. Não se trata de abrir mão da teoria, mas deixá-la em reserva de uso, não colocá-la como um anteparo entre nós e o analisando. Neste sentido, a clínica é soberana e a surpresa, uma constante. Nossa escuta precisa ir além ou aquém da teoria e ao mesmo tempo tem que estar baseada nela. Este é o paradoxo. Naquele momento, eu estava priorizando o acontecimento. Depois, então, poderia formular hipóteses explicativas, transportando os achados clínicos para uma grade de conceitos, se fosse o caso.

Paulo continua comigo sua trajetória, da qual sou testemunha e parceira, sem saber ao certo para onde estamos indo. O campo transferencial vai sendo tecido e comporta intensidades não-verbais que são inexplicáveis. Penso ser muito mais difícil e delicada essa posição de testemunha em que nos inclinamos para o outro quase que nos limitando a acompanhar a trilha que vai sendo construída ao longo dos encontros.

Das poucas intervenções feitas, algumas são para acompanhar o que ele faz, indagando mais, escavando mais, outras dizem respeito à questão do limite.

Penso que, numa análise, o limite diz respeito ao analista. Tudo o que limita sua escuta tem que ser barrado e isto leva em conta o estilo de cada um, o que se consegue suportar, sem perder a capacidade de escuta. E isso não tem um cunho moral, pedagógico. Aponta para o limite do analista.

A imagem daquele boneco "João teimoso" me parece preciosa. É jogado para um lado, para o outro, mas não perde o eixo. Não perder o eixo, no caso do analista, é se manter capaz de escutar o que está sendo construído ali naquele encontro. Mas são muitos tombos, muitos sustos que a cada vez nos convocam a tomar uma decisão. Quando é preciso intervir, dando limite?

Um dia Paulo pega um grande seixo do jardim e leva pra sala. Fico um tanto apreensiva, aguardando o que virá em seguida. Havia na sala uma boneca de pano com cabeça de papel *marché*, uma espécie de princesa misturada com bruxa, difícil discernir. Ele pega essa pedra e bate com toda a força na boneca, destroçando-a. Sinto uma certa dor, mas consigo ir adiante na escuta. Lamento pela boneca, com quem outras crianças também gostam de brincar. Era uma questão que eu resolveria mais tarde. Não me impede de continuar escutando e pressentindo a importância de tal gesto. E ele, em júbilo olhando pra mim, curioso para ver a minha reação. Por um lado, ele se mostra raivoso em relação à boneca; por outro, busca com o olhar a minha conivência. Nessas horas, fico dramatizando com ele o que eu vejo, entrando na brincadeira sempre que possível.

Às vezes, Paulo escreve seu nome ao contrário, o que é um código entre nós, que ele assim anuncia: Oluap, ou seja, Paulo ao contrário. Daí começa uma bagunça daquelas, em que eu sou o tempo todo chamada a intervir. É quase uma provocação, mas com um jeito sempre muito meigo. A cada gesto dele eu preciso decidir: isso pode, aquilo não pode, sempre expondo a ele meu critério para tal decisão. O que não é nada fácil para mim e certamente nem para ele. O critério é absolutamente pessoal e é isso que eu digo a ele: olha, eu quero muito te escutar, mas, se você fizer isso, eu vou ficar angustiada, aflita, com medo de que você se machuque, ou de que você quebre alguma coisa, daí não vai dar certo, não vou conseguir te escutar mais.

Não tenho uma sala específica para criança, há tapete e objetos que muito me incomodaria se quebrassem. E ele sabia disso. Pega sempre uma escultura feita num coco, que tem um valor especial para mim, de um macaquinho com sua mãe e ameaça jogá-la no chão "pra ver o que tem dentro", e aí se trava um embate entre nós. Quando ele quer desenhar em cima do tapete, por exemplo, eu não deixo, por mais que ele me garanta que não vai deixar cair nada no tapete. Em inúmeras situações, a questão do limite se coloca. Também tem a mania de ligar o som no volume mais alto, para desespero da mãe que fica no jardim lá fora, "morrendo de vergonha da bagunça" do filho.

Na minha sala há um grande parapeito, logo abaixo da janela, e ficamos ali muitas vezes. Só que ele quer abrir a janela e ficar do lado de fora. Mas, embora não constituindo perigo concreto, já que a janela é no térreo, aquilo esbarra com um limite meu, eu não conseguiria escutá-lo; daí se trava uma verdadeira guerra entre nós. Ele quer argumentos pra eu não deixar e os que eu dou nunca são suficientes, o que o deixa raivoso.

De alguma maneira, apesar da minha grande tolerância, ele vai sentindo que não pode fazer ali tudo o que quer. Fica frustrado. Começa a não querer ir à análise e digo à mãe que o traga, ainda assim, pra ele me falar sobre isso. Um dia chega muito zangado porque foi obrigado a vir à sessão. Chegou dizendo que aquele era o lugar que mais odiava no mundo inteiro e que só iria ficar cinco minutos. Mas é uma zanga curiosa, meio de brincadeira, com um quê de amorosa. Pede que eu coloque o alarme para despertar após esse tempo. Pego meu celular que tem a função alarme, mas ele já havia se distraído e vai brincar com outra coisa; depois de uns 40 minutos, lembra do tempo e me pergunta se eu já acionei o alarme e eu disse que não. Pego de novo o celular para fazê-lo, daí ele repara no celular e o toma da minha mão. Resolvo apostar no celular como instrumento em prol da análise, apesar dos riscos. Contrariamente aos meus temores, ele demonstra uma grande habilidade em manuseá-lo, a ponto de descobrir a função vídeo. Fica felicíssimo, pedindo para eu ajudá-lo nos detalhes de como filmar e iniciamos com isso uma nova fase no seu percurso de análise, a meu ver, crucial para o andamento da mesma. Não apenas pelo celular como instrumento em si, mas sobretudo por ter aberto novos caminhos a serem trilhados na transferência. Ele passa a me usar como uma espécie de assistente de direção, ao mesmo tempo que se afasta um pouco de mim, ficando mais ligado à sua própria imagem filmada por ele, isto é, sua relação consigo mesmo, intermediada pela tela do celular. Deste dia em diante, ao entrar na sessão pede sempre o celular e começa a se filmar, a filmar o ambiente e mais raramente a me pedir para filmá-lo ou ainda a me filmar. Após a entrada do celular, a grande maioria das sessões é, por sua iniciativa, filmada. Há uma seqüência de temas que vou acompanhando de perto.

Ele se filma fazendo caretas, emitindo sons, cantando com largos movimentos da boca, imitando uma fala estrangeira, falas desconexas, mas sempre com muito entusiasmo. Às vezes arrota, bota a língua pra fora, dizendo: legal! Uiva como se fosse um lobo, diz ser um vampiro, avançando para cima de mim. Eu entro nas histórias me assustando de brincadeira. Uma verdadeira experimentação. Um dia, resolve armar um cenário em que pega uma casinha, que também é incenso, e quer acendê-la. Eu deixo, com a condição de que eu manuseie o fósforo, o que ele, contrariado, aceita. Neste dia, entra com um dos meus gatos na sessão. Começa a filmar a casinha com a fumaça saindo. Fala, ao mesmo tempo que filma: olha o gatinho, olha a casa mal assombrada!... Sempre com um tom ameaçador, só que de brincadeira. Um dia filma o consultório e da janela filma um pôster de golfinhos que está voltado para o lado da minha casa. Olha os golfinhos!!

Depois de ter ido a uma festa de criança, volta todo animado querendo contar como foi e resolvemos filmá-lo. Relata a história que o palhaço contou, dramatizando-a bastante: "Era um mágico que pegou uma varinha pequenininha, do tamanho do Felipe, que era pequeno. Depois, pegou uma outra varinha que era grandona para o mágico. Depois, pegou uma outra varinha do tamanho do mágico. Depois uma outra que era grossa e enorme. Maior do que um carro, maior do que meu bar, maior do que eu, maior do que meu pai".

Eu costumava atender os pais mensalmente e durante um desses encontros eles me relatam que Paulo, depois que começou a análise, está mais agressivo com a mãe e se aproximando muito do pai. No início sentia nojo quando tirava a fralda cheia de cocô. Depois de alguns meses de análise, mesmo ainda usando fralda, o cocô já não lhe causa tanto asco como antes. Durante as sessões nunca falamos sobre esse assunto a não ser numa ocasião em que abre uma caixa meio enferrujada e faz careta, dizendo que está com cheiro de cocô, fechando-a rapidamente. Que nojo!

Chega a época das festas de fim de ano e antes da interrupção fazemos uma sessão conjunta com seus pais. Esta sessão é de grande exibição das peripécias que havia "aprontado" ali. Faz um grande bagunça, joga as almofadas no chão e, diante da aflição do pai, eu faço um gesto pra ele, pai, se acalmar. "Olha o que eu faço aqui", diz Paulo, eufórico. Abre sua gaveta e mostra aqueles trabalhos que cunhou de "impressão digital", mostra a princesa-bruxa destroçada. Estava bastante excitado.

Como ele costuma viajar nas férias, sua mãe fica de entrar em contato um mês depois. E assim é feito. Ainda pelo telefone, ela me conta, sem conter seu entusiasmo, que, do nada, Paulo disse que iria contar a ela uma verdade: "de agora em diante não vou mais usar fralda"; e, de fato, passa a usar o vaso sanitário daí pra frente. Marco uma sessão com os pais, que me detalham o acontecimento surpreendente para todos nós, inclusive pra mim. Os pais conversam com Paulo, que diz não estar mais querendo voltar à análise, a não ser só mais uma vez.

Nesta última sessão, está todo alegre, não faz nenhum comentário sobre a novidade. Depois de conversar um pouco sobre as férias, pega o celular, pedindo para eu filmá-lo. Dessa vez, não fica olhando para a câmera, como era de costume. Finge que coloca uma mochila nas costas e vai dramatizando: "Vamos lá na floresta, vamos lá. Pegando o caminho da cachoeira! Tibum...". Em seguida assistimos ao filme produzido, como era de costume.

Deixo em aberto seu retorno para quando ele quiser e esse é nosso último encontro.

Eu dizia lá no início que neste relato não pretendia elucidar o mistério que fez esta análise funcionar, produzir um efeito no real. Mas alguma coisa causou um movimento no que estava estagnado. Quis aqui compartilhar com vocês este momento preciso, anterior às conjecturas teóricas que a partir daí poderia tecer.

No texto "Televisão", Lacan afirma que o discurso analítico promete introduzir a novidade "no campo em que se produz o inconsciente, dado que seus impasses, entre outros certamente, mas, em primeiro lugar, se revelam no amor" (Lacan, 1973/1993: 53). Os impasses do amor têm a ver com os impasses do inconsciente. O inconsciente como discurso do Outro. Os impasses do desejo se revelam no amor.

É de um amigo poeta e analista uma poesia intitulada Escafandrista das emoções (Peyon, 2002). Essa poesia fala de amor num mar de sensações. Penso o psicanalista como um escafandrista das emoções que mergulha em mares tortuosos e acha amores perdidos, às vezes soterrados até, amores que emergem como um achado, veiculando o desejo.

REFERÊNCIAS BIBLIOGRÁFICAS

Costa Moura, F. (2000). *Função da causa em psicanálise.* Tese de doutorado, PUC – RJ.

Molière, J. B. (1666). *Le médecin malgré lui.* Paris: Libraire Larousse, 1990.

Lacan, J. (1964). *O seminário, Livro XI, Os quatro conceitos fundamentais da psicanálise.* Rio de Janeiro: Zahar, 1998.

———. (1973). *Televisão.* Rio de Janeiro: Jorge Zahar Editor, 1993.

Peyon, E. (2002). *Sublime fel.* Rio de Janeiro: Editora Talento Brasileiro.

NOTAS

1 Ver discussão detalhada em Fernanda Costa Moura, *Função da causa em psicanálise*, tese de doutorado, PUC – RJ, 2000.

Singularidade e pluralidade: por uma nova forma de constituição do espaço comum

*Carlos Augusto Peixoto Junior**

Em entrevista à revista *Les lettres françaises* publicada em março de 1968, indagado sobre como definiria os problemas da filosofia contemporânea, Gilles Deleuze afirmava que havia uma tendência no pensamento da época a abandonar as referências até então freqüentes ao Eu e ao Ego. Com isso, ele considerava que estavam sendo também colocadas em questão certas alternativas formuladas pelo pensamento tradicional, pautadas em opções tais como: Deus ou o homem, a substância infinita ou o sujeito finito. Isto porque o pensamento ocidental já não podia mais se ater à oposição entre um universal puro e particularidades encerradas em pessoas, indivíduos ou egos. Já naquele momento, portanto, a morte de Deus e a possibilidade de sua substituição pelo homem, com todas as permutações entre estas duas figuras, pareciam não ser mais uma questão relevante. Como Foucault já havia percebido, Deus e o homem teriam morrido um com o outro. Diante disto Deleuze concluía: "o que estamos descobrindo atualmente, ao que me parece, é um mundo abundante em *individuações impessoais*, ou mesmo em *singularidades pré-individuais* (é isso que significa o 'nem Deus, nem homem', do qual fala Nietzsche, essa é a anarquia coroada)" (Deleuze, 1968/2002: 190, grifado no original).

Em sua opinião, estas questões estariam diretamente articuladas com as discussões sobre o poder. As forças de repressão sempre tiveram necessidade de Egos estabelecidos ou de indivíduos determinados para se exercer. Quando nos tornamos mais fluidos e escapamos às determinações do

* Psicanalista; Membro do Espaço Brasileiro de Estudos Psicanalíticos; Doutor em Saúde Coletiva pelo Instituto de Medicina Social da UERJ e Professor do Programa de Pós-graduação em Psicologia Clínica da PUC-RJ.

Ego, quando não há mais homem sobre o qual Deus possa exercer seu mandato ou pelo qual possa ser substituído, o poder e sua polícia se perdem completamente.

Nota-se, portanto, o viés político-social destas categorias de individuação impessoal e singularidade pré-individual, das quais Deleuze nunca abriu mão no decorrer de sua vida. Na mesma época da entrevista acima citada, elas são desenvolvidas no contexto de dois trabalhos que afirmam o pensamento da diferença: a *Lógica do sentido* e *Diferença e repetição*. Ali ele novamente se contrapõe a uma outra alternativa filosófica clássica – singularidade individual/pessoal ou abismo indiferenciado –, defendendo a tese de um mundo pululante, composto por singularidades anônimas e nômades, impessoais e pré-individuais, que comporiam um campo transcendental que não se confunde com nenhuma profundidade indiferenciada. Tal perspectiva, além de recusar a forma da pessoa e o ponto de vista da individuação, também procura dispensar qualquer referência à consciência – característica de uma avaliação fenomenológica –, já que esta não poderia prescindir de uma síntese de unificação, representada pelas figuras do Eu ou do Ego. "O que não é nem individual nem pessoal, ao contrário, são as emissões de singularidades enquanto se fazem sobre uma superfície inconsciente e gozam de um princípio móvel imanente de auto-unificação por distribuição nômade, que se distingue radicalmente das distribuições fixas e sedentárias como condições das sínteses de consciência" (Deleuze, 1969/1982: 105). Neste sentido, as singularidades seriam verdadeiros acontecimentos transcendentais, algo como uma quarta pessoa do singular, e, longe de serem individuais ou pessoais, presidiriam a gênese dos indivíduos e das pessoas. Na verdade, elas se apresentam como um potencial que não comporta por si nem Ego individual nem Eu pessoal, mas que os produz atualizando-se, efetuando-se. Segundo Deleuze, só uma teoria dos pontos singulares estaria apta a ultrapassar a síntese da pessoa e a análise do indivíduo, tais como elas se fazem na consciência.

Eis aí uma teoria radical do inconsciente enquanto pensamento puro, que faz dele um elemento subversivo, absolutamente desvinculado de qualquer formação consciente, e que possibilita pensar em formas de subjetivação também radicalmente estranhas à normalidade. Ainda de acordo com Deleuze, se o pensamento tradicional e a psicologia da consciência procuram nos impor como alternativa ou um Ser soberanamente individuado (forma altamente pessoalizada) ou um fundo indiferenciado – abismo sem diferenças, sem fundo, não-Ser informe –, é porque não conseguem conceber singularidades determináveis que não estivessem absolutamente aprisionadas num Ego individual supremo ou num Eu pessoal superior. De um lado, teríamos o pensamento metafísico determinando de forma natural o Ego supremo como aquele que caracteriza um Ser infinita e completamente determinado por seu conceito, necessariamente individuado, rejeitando o não-ser – relegado à irrealidade – e delegando às individualidades finitas realidades radicalmente limitadas. Do outro, encontraríamos um pensamento transcendental que prefere a forma finita da pessoa, determinando este Eu superior como elemento que opera a permutação Homem-Deus, com a qual o pensamento ocidental se contentou durante tanto tempo. Ambos os casos nos deparam apenas com singularidades aprisionadas no campo da representação, humana ou divina.

A representação liga a individuação à forma do Eu e à sua matéria. Nestes termos, o Eu assume a forma da individuação superior e torna-se princípio de identificação e recognição para qualquer juízo de individualidade que incida sobre as coisas. "Para a representação, é preciso que *toda individualidade seja pessoal (Eu)* e que *toda singularidade seja individual (Eu)*. Logo, onde se pára de dizer *Eu*, pára também a individuação; e, onde pára a individuação, pára também toda singularidade possível" (Deleuze, 1969/1988: 435-436, grifado no original). Um Eu passivo como este é apenas um acontecimento localizado em campos prévios de individuação e que se constitui no ponto de ressonância de suas séries individuantes. Até mesmo o Eu dividido, postulado por certas leituras estruturais de inspiração hegeliana, ainda deixaria passar todas as idéias definidas por suas singularidades, elas mesmas prévias aos campos de individuação.

É contra tudo isso que Deleuze vai buscar em Nietzsche e Simondon o mundo das singularidades impessoais e pré-individuais. Singularidades nômades, livres da individualidade fixa do Ser infinito e dos limites sedentários do sujeito finito. Neste mundo dionisíaco da vontade de potência e da energia livre, deparamo-nos com algo que, mesmo não sendo individual nem pessoal, é capaz de ser uma individuação singular e ao mesmo tempo plural; mundo no qual é possível saltar de uma singularidade para outra. Este é também o mundo do "se" e do "eles", irredutível à banalidade cotidiana, onde se elaboram os encontros e as ressonâncias que transbordam o universo representacional. "Máquina dionisíaca de produzir o sentido e em que o não-senso e o sentido não estão mais numa oposição simples, mas co-presentes um ao outro em um novo discurso. Este novo discurso não é mais o da forma, nem muito menos o do informe: ele é antes o informal puro" (Deleuze, 1969/1982: 110). Nele não há mais sujeito, homem ou Deus, e menos ainda homem no lugar de Deus. Trata-se apenas daquela singularidade livre, anônima e nômade, que percorre o mundo independentemente das matérias de sua individuação e das formas de sua personalidade. Eis aí o significado do além do homem nietzscheano, o tipo que se encontra para além de tudo aquilo que é.

Decorridos pouco mais de vinte e cinco anos após estas reflexões, Deleuze retoma o tema das singularidades em seu último texto escrito – seu "testamento", de acordo com alguns comentadores –, publicado logo após a sua morte. Fato que talvez por si só sirva para atestar toda a importância atribuída pelo autor aos conceitos de individuação impessoal e singularidade pré-individual. O breve artigo deleuziano tem um título intrigante, dadas as circunstâncias e o momento em que foi escrito: "A imanência: uma vida...". Nele encontramos uma tentativa de pensar o que poderia ser um campo transcendental, e já de saída nota-se a recusa das categorias de eu e sujeito para pensá-lo. Este campo pré-reflexivo, impessoal e a-subjetivo, "se define por um plano de imanência, e o plano de imanência por uma vida" (Deleuze, 1995/2001: 28).

Diante da necessidade de descrever o que seria *uma* vida, Deleuze recorre a dois exemplos, um no campo da literatura e outro especificamente atrelado à gênese das subjetividades. O primeiro é retirado do romance de Charles Dickens, *Our mutual friend*, no qual um canalha desprezado por todos é reconduzido agonizante aos que conviviam com ele, e ocorre que eles passam a manifestar certo respeito e amor pelo que restava do moribundo, tentando salvá-lo. Mas, à medida que ele volta a viver, seus salvadores retomam a frieza habitual e ele reencontra toda a sua baixeza e vilania. Aqui, precisamente, teríamos apenas *uma* vida jogando contra a morte. Neste sentido, observa Deleuze,

> a vida do indivíduo é substituída por uma vida impessoal, embora singular, que produz um puro acontecimento livre dos acidentes da vida interior e exterior, ou seja, da subjetividade e da objetividade do que acontece. "*Homo tantum*" por quem todo mundo se compadece e que atinge certa beatitude.

> É uma *hecceidade*, que não é apenas de individuação, mas sim de singularização: uma vida de pura imanência, neutra, além do bem e do mal, já que só o sujeito que a encarnava no meio das coisas a tornava boa ou má. A vida de tal individualidade se apaga em benefício da vida singular imanente a um homem que não tem mais nome, embora não se confunda com nenhum outro. Essência singular, uma vida..." (Deleuze, 1995/2001: 28-29).

O outro exemplo empregado é o dos bebês que se assemelham uns aos outros, não têm nenhuma individualidade, mas que certamente expressam singularidades: um sorriso, um gesto, um trejeito, particularidades que não são propriamente características subjetivas. Os bebês são atravessados por uma vida imanente, que é pura potência ou beatitude no que diz respeito a seus sofrimentos e fraquezas. Com isto, Deleuze procura mostrar que *uma vida* não se reduz ao simples momento em que a vida individual afronta a morte universal, como no caso do romance de Dickens. "Uma vida está em todos os lugares, em todos os momentos que atravessa esse ou aquele sujeito vivo e que são medidos por determinados objetos vividos: uma vida imanente levando consigo os acontecimentos ou singularidades que apenas se atualizam em sujeitos e objetos" (Deleuze, 1995/2001: 29). Consideradas sob este prisma, as singularidades ou acontecimentos constitutivos de *uma* vida coexistem com os acontecimentos d*a* vida correspondente a elas, mas não se agrupam da mesma forma. Comunicam-se entre si de outra maneira que os indivíduos, na medida em que a vida impessoal não seria feita propriamente de tempos, mas de entretempos. É assim que uma vida singular estaria apta a dispersar toda individualidade ou tudo que a individualiza.

De acordo com Giorgio Agamben, esta imanência absoluta que se apresenta como vida não poderia mesmo ser atribuída a um sujeito. O lugar desta vida separável não está nem neste mundo nem em outro, mas entre os dois, numa espécie de intermundo feliz que ela parece só abandonar a contragosto. O que torna tão interessante a centelha de vida do personagem de Dickens é justamente o seu estado de suspensão no que diz respeito às normas e direitos. "Por isso Deleuze pode falar em uma vida impessoal, situada num limiar para além do bem e do mal" (Agamben, 2000: 180).

Ao que nos parece, foi esta singularidade de *uma* vida, formulada no testamento deleuziano, que inspirou Agamben a articular o conceito de singularidade qualquer com o contexto político da comunidade que vem. Para ele, a singularidade qualquer enquanto figura da singularidade pura, sem identidade, também não é simplesmente indeterminada. Na verdade ela se determinaria unicamente através de sua relação com a idéia da totalidade de suas possibilidades. Totalidade, esta sim, indeterminada e vazia, a partir da qual se poderia pensar na constituição de algum pertencimento; ponto de contato com um espaço exterior que permaneceria vazio. O que o qualquer acrescentaria à singularidade seria um limite vazio que faz dela uma singularidade finita e no entanto indeterminável segundo um conceito. "Uma singularidade acrescida de um espaço vazio não pode ser outra coisa senão uma exterioridade pura, uma pura exposição. *Qualquer é, neste sentido, o acontecimento de um fora*" (Agamben, 1990: 69; grifado no original). Nestes termos, o fora não seria exatamente um outro espaço situado para além de um espaço determinado, mas justamente a exterioridade que lhe dá acesso, uma passagem. Esta experiência do limite, enquanto ser em um fora, seria o dom que a singularidade receberia da humanidade esvaziada de qualquer pessoalidade.

Agamben nota que, deslocando a imanência para a esfera da vida, Deleuze estava ciente de que penetrava num campo perigoso. Ele teria se apercebido perfeitamente "de que o pensamento que toma como objeto a vida compartilha deste objeto com o poder e deve confrontar-se com suas estratégias" (Agamben, 2000: 183). É a partir daí que o autor pretende retomar nos dias atuais a conotação política das singularidades pré-individuais às quais Deleuze fazia menção. A política da singularidade qualquer – de um ser cuja comunidade não é mediada por uma condição de pertencimento nem pela ausência da mesma, mas pelo pertencimento enquanto tal – implicaria a relativa ausência de conteúdos reivindicativos precisos. Segundo ele, "*a novidade da política que vem é que ela não será mais uma luta pela conquista ou controle do Estado, mas uma luta entre o Estado e o não-Estado (a humanidade), disjunção irremediável entre as singularidades quaisquer e a organização estatal*" (Agamben, 1990: 88; grifado no original). Este tipo de política nada tem a ver com a simples reivindicação do social contra o Estado que se expressa atualmente em certos movimentos de contestação. As singularidades quaisquer não poderiam compor uma sociedade na medida em que não dispõem de nenhuma identidade que possam fazer valer, nem de nenhum laço de pertencimento que poderiam fazer reconhecer. Em última instância, como mostrava Deleuze, todo Estado pode reconhecer diversos tipos de reivindicação de identidade, e mesmo a de uma identidade estatal no interior dele próprio (o que é confirmado pelas relações entre terrorismo e estado nos dias atuais). "Mas que singularidades constituam uma comunidade sem reivindicar uma identidade, que os homens co-pertençam sem uma condição de pertencimento representável (mesmo sob a forma de um simples pressuposto) constitui o que o Estado não pode tolerar em nenhum caso" (Agamben, 1990: 89). E isto porque o Estado não está verdadeiramente fundado num laço social, do qual ele seria apenas a expressão, mas sobre a ausência do laço, que ele interdita.

Para o Estado, portanto, como Deleuze também já havia indicado, o que importa não é jamais a singularidade enquanto tal, mas somente sua inclusão em algum tipo de identidade. Por estas razões, um ser privado de qualquer identidade representável seria absolutamente insignificante para o Estado. Neste sentido, a comunidade que vem – pautada na individuação impessoal e na singularidade qualquer, que rejeita peremptoriamente qualquer condição de pertencimento – será a principal forma de resistência ao modelo societário dominante na atualidade. Encontra-se aqui uma nova definição de política baseada na resistência e na reinvenção: fazer fugir, traçar uma linha de fuga, criar um novo estilo, uma nova forma de experimentar os mundos individual e coletivo, de modo a fazer do *socius* uma experiência de construção da realidade onde a produção desejante não seja esmagada, mas potencializada pelas práticas sociais.

Referências bibliográficas

Agamben, G. (1990). *La communauté qui vient: théorie de la singularité quelconque.* Paris: Seuil.

———. (2000). A imanência absoluta. Em Alliez, E. *Gilles Deleuze: uma vida filosófica.* Rio de Janeiro: Editora 34.

Deleuze, G. (1968). Sur Nietzsche et l'image de la pensée. Em *L'île déserte et autres textes.* Paris: Éditions de Minuit, 2002.

———. (1969). *A lógica do sentido.* São Paulo: Editora Perspectiva, 1982.

———. (1969). *Diferença e repetição.* Rio de Janeiro, Editora Graal, 1988.

——— (1995). Immanence: a life... Em *Pure immanence.* N. York: Zone Books, 2001.

Psicanálise, angústia e contemporaneidade

*Cynthia De Paoli**

Quem busca a psicanálise e a exerce em seus consultórios não pode deixar de interrogar este fazer frente às angústias e desejos do sujeito. Se acreditarmos que o avanço da ciência determinou uma inserção do homem na cultura diversa dos tempos de Freud, a questão que se impõe é indagar se a Psicanálise que hoje praticamos constitui-se como uma prática atualizada, ou simplesmente datada, que tende à dissolução. Contudo, se confiarmos que, independente do contexto social, econômico e político, existe algo nas subjetividades que permanece inalterado, imutável, sob o qual a Psicanálise opera, poderíamos concluir que este fazer-saber tem sua permanência garantida na cultura.

Queremos, entretanto, ressaltar que o que buscamos de inerente ao ser falante não deve ser confundido com o que a Filosofia procura sem cessar – a essência do homem –, pois o campo analítico não é da ordem do apreensível, é referido ao inconsciente, ao fugaz, ao que só se pode conceber por seus efeitos nos campos imaginário e simbólico.

Para iniciarmos nossas reflexões, devemos confrontar o fazer analítico e seus pressupostos com seu objeto de estudo: o homem contemporâneo. Observar como este se posiciona no contexto espaço-temporal, investigando a natureza dos laços estabelecidos, é via privilegiada para tentar situar a Psicanálise no presente e antecipar um possível direcionamento futuro.

Como o homem de hoje funciona frente ao mal-estar da cultura: será da mesma forma que nos tempos de Freud? Freud em "El malestar en la

* Membro psicanalista da SPID; Mestre em Teoria Psicanalítica – UFRJ.

cultura" (1930/1976) apresentou idéias que ganhariam expressão máxima em nossa época. Segundo ele, a presença dos vícios – tabaco, álcool, jogo – seriam formas do homem de lidar com o mal-estar que a cultura determina, buscando com isso anestesiar a angústia. Ao trazer alívio momentâneo para a dor, o vício instalou-se de forma tal na sociedade que se tornou não só impossível de ser eliminado como até necessário, sendo utilizado como compensação para as frustrações, renúncias e perdas impingidas pelo laço social.

Neste nosso tempo, fim do século XX e início do XXI, a presença dos vícios e compulsões obteve uma intensificação alarmante na sociedade, chegando a caracterizar uma era em que a relação com o próximo é de puro consumo, passando a constituir uma forma de satisfação pulsional predominante.

O conceito de vício foi ampliado, passando a ser determinado pela forma de relacionamento com o próximo, com o trabalho, com o sexo, o computador, os remédios, o cartão de crédito, etc. Essa nova fenomenologia – denominada por alguns como "novos sintomas" – tem como característica fundamental o excesso, a relação compulsiva com o objeto.

Paralelamente a essas novas manifestações, que devem ser adicionadas à antiga lista de vícios, devemos nos deter no exame das subjetividades que as acompanham e ao contexto em que surgem. Vislumbramos nessa época uma conjuntura diversa daquela experimentada por Freud no referente aos valores que norteiam o sujeito: dignidade, lealdade, nome e honra eram ideais a se buscar e até razão justa para arriscar a vida, melhor dizendo, vivia-se uma era em que o Édipo operava como um ordenador, determinando a lei, apontando o objeto de desejo; enfim limitando o gozo e abrandando a angústia. Os sintomas surgiam frente à interdição do incesto e à busca do gozo transgressor, continham um sentido oculto passível de ser explicado pela tragédia grega.

Diversamente, o que constatamos nos dias de hoje é uma cultura que se situa para além do Édipo, para além do ideal e da busca do Bem e da verdade. O pai de família esvazia-se enquanto função na cultura, não se constituindo mais como modelo identificatório a se seguir ou evitar; enfim, são tempos em que a referência ao mito não explica mais a ordenação do mundo.

A conseqüência da dissolução da função do pai de família como um ordenador produziu como efeito a igualdade de direitos entre pais e filhos, a abolição da hierarquia entre as gerações. Se todos são livres e iguais – tal como afirmado na Declaração dos Direitos do Homem –, não há representante autorizado do pai simbólico, o que vemos surgir é um sujeito experimentando o mais profundo desamparo.

Não só a família mudou, mas também o Estado e a jurisdição que regula as relações entre seus membros. Tendo como diretriz a Economia e a participação da mulher no mercado de trabalho, a legislação contribuiu enormemente para a negação das diferenças, determinando igualdade de condições entre os sexos em relação aos compromissos quanto à prole. A conseqüência foi uma incidência cada vez maior de pais que se esquivam das tarefas de educarem ou proverem seus filhos, ancorados numa regulação de responsabilidades determinada pelo poder econômico. Ora, se a lei apregoa a divisão igualitária de direitos e deveres, ela nega não só a diferenciação sexual, como a especificidade da maternidade e da paternidade, contribuindo para a homossexualização da cultura. Nesse sentido, a lei dos homens não representa a lei do Pai, mas a lei do capital, esvaziando a função paterna do que tem de específico, ou seja, o pai como provedor e salvaguarda para seus filhos. Assim, a lei não só priva o filho de ter em seu pai um modelo a seguir, mas esvazia seu lugar de transmissor dos valores e tradição, criando uma descontinuidade e indefinição frente ao social e ao particular. Mais ainda, o pai tem seu papel banalizado, sendo transformado em co-responsável pela educação do filho, juntamente com a escola, a televisão, o treinador de futebol, o professor de educação física, etc.

A pulverização da função do pai de família traz conseqüências para a inserção sociopolítica do sujeito. A crença na possibilidade de um futuro melhor, a luta por justiça social, a expectativa de conquistas, o planejamento da vida profissional, que operavam como norteadores para o homem, como parâmetros que o situavam em seu tempo, deixa de existir. Nos dias de hoje nos deparamos com outro panorama: sujeitos sem desejo ou horizontes a perseguir, com valores efêmeros, transitórios, circunstanciais. Vivemos sob o império das imagens, dos efeitos especiais, em um mundo em que a notoriedade consiste apenas em "quinze minutos de fama". É a cultura que usa e abusa dos simulacros, das próteses, dos artifícios, na qual o valor maior a se alcançar é a imagem de sucesso. Também os políticos como líderes eleitos para representar os interesses do povo nunca estiveram tão descompromissados com os que os colocaram no poder: não há pudor ou valores morais a serem preservados, vivemos numa época em que se "aproveita as oportunidades". A crise da autoridade constituída, a ausência da respeitabilidade e de confiança em seus representantes determina desmando e violência. Todos protestam por benefícios pessoais em detrimento do que é público.

A angústia sem bordos conseqüente à falta de um representante da lei que interdite o gozo imprime modificações na natureza dos vínculos e das relações afetivas, fazendo com que a proximidade com o outro provoque horror. O "próximo" é então alcançado pela via do computador, que, utilizado de forma viciada e desenfreada, aponta uma satisfação que prescinde de seu par, proporcionando uma falsa relação que, ao buscar evitar o mal-estar na relação com o Outro – *umheinlich* – determina um isolamento parcial, ou até um confinamento radicalizado.

Não há como afirmar que o complexo de Édipo, tal como descrito por Freud, seja uma universalidade nos tempos em que vivemos. A legislação vigente faz uma leitura das relações familiares de hoje apontando uma estrutura para além ou aquém do Édipo, consolidando a inadequação do mito como forma universal de perceber as manifestações do homem atual.

Se Freud em "Más allá del principio del placer" (1920/1976) sustenta que é o sexual que protege o homem de seu empuxo à morte, de sua busca de homeostase, de inércia total, conceber sujeitos que se situem para além da diferença sexual e da metaforização do falo implica pressupor a este desvario uma angústia infinita, na medida em que a operação de simbolização que protegeria o sujeito da ameaça de castração encontra-se ausente.

Poderíamos afirmar que o mal-estar nos dias de hoje está referido à indiferenciação sexual que a cultura testemunha e a lei corrobora. Acreditamos que o traumático hoje é a ausência de uma organização familiar que defina papéis e circunscreva o gozo. Os novos tempos apresentam uma ordenação mais precária do que na época em que imperava o patriarcado, fazendo que a clínica testemunhe a presença freqüente de sentimentos nostálgicos que evocam um pai que proteja e uma lei que seja universal, uma verdade que norteie o homem em detrimento dos acordos locais, temporários e negociáveis. Como disse Lacan em 1974-1975, o complexo de Édipo freudiano não era assim tão complexo...

COMO A PSICANÁLISE RESPONDE ÀS ANGÚSTIAS DO HOMEM CONTEMPORÂNEO?

Se Freud era um homem moderno, da época em que se acreditava no progresso da ciência atrelado à idéia de verdade, Lacan foi um grande observador e crítico dos movimentos de sua época como o movimento estudantil de 68, o comunismo, o hitlerismo e assistiu ao desnudamento de algumas bandeiras. Ele apontou a decadência dos ideais na cultura e da figura do pai de família como representante da lei.

Lacan reviu suas idéias a respeito da função paterna encarnada pelo pai de família. Se acreditava que a presença ou ausência do significante Nome-do-pai determinaria neurose ou psicose, deveria concluir que, em tempos em que a função paterna deixa de existir, toda a sociedade seria psicótica, ou seja, que todo mundo deliraria. Para Lacan, impunha-se a existência de algum estruturante para além do Édipo.

O psicanalista francês concluiu pela existência de uma multiplicidade de formas do significante Nome-do-pai desvinculadas da metáfora paterna. Esta teoria não chegou a ser bem construída em seu penúltimo seminário – *RSI* (1974-1975) –, contudo, o francês deixou claro que o que faz a função organizadora do psiquismo na atualidade é singular a cada um e não universal como o complexo de Édipo o era.

Lacan afirma em *RSI*, em 11 de fevereiro de 1975, que o complexo de Édipo freudiano, idêntico à realidade psíquica, é seu significante Nome-do-pai; afirma ainda que este tem uma função de sonho, de algo que é inventado, particular a cada subjetividade, referido "um a um".

Como já disse, sua teoria foi além do Édipo: Lacan sustentou que o sintoma ao final de análise poderia estabilizar a estrutura, operar como significante Nome-do-pai. Essa formulação orienta o analista para que considere o sintoma já trabalhado pela via significante como o que seu analisando tem de mais pessoal, na medida em que sua irredutibilidade, sua impermeabilidade à decifração, demarcaria o que é fixo e campo de satisfação pulsional próprio ao sujeito.

A proposta lacaniana é ousada: além de sugerir que se possa abrir mão do pai de família, ele valoriza o resíduo sintomático ao término do tratamento como o que faz surgir o sujeito e seu nome próprio. Dentro dessa forma de pensar, o sintoma, após o desbastamento imaginário possível pela interpretação, passaria a ser "bendito" e não um sinal de doença como pensava Freud.

Ora, neste aspecto temos uma revolução: o que Freud considerava como algo nocivo a ser eliminado, um *pathos*, Lacan sustentava tratar-se da singularidade do sujeito, o ponto último a ser alcançado ao final de uma análise, o sintoma seria o que "nomeia" o ser falante no que tem de mais próprio. A nomeação é real, delimita o gozo, circunscreve um campo sem referência ao sentido. O conceito de Nome-do-pai é ampliado, diferente da fase estruturalista, em que era essencialmente simbólico, agente da castração.

Estas formulações são acompanhadas de uma nova forma de operar na clínica. Ao reformular seu conceito de inconsciente, o mestre francês afirma que este é um saber cifrado, composto de significantes heteróclitos, cifras, e que é um conjunto de elementos disjuntos, que não fazem cadeia.

Segundo ele, a opacidade do sintoma se deve à forma particular de gozar do inconsciente, gozo este não compartilhável, em que a exterioridade em relação ao sentido explica sua irredutibilidade à interpretação.

Lacan nos indica uma clínica das suplências, dos enlaces, da fixação das amarrações onde antes havia uma clínica apoiada na metáfora paterna, que determinava capacidade de simbolização, de estabelecimento de um discurso, de interpretação e produção de sentido.

Parece-nos uma mudança e tanto concluir pelo particular e pelo artifício como um estruturante em tempos em que o pai simbólico encontra-se ausente na cultura.

Lacan define o sintoma como uma resposta ao real frente à inexistência da relação sexual, ou seja, o sintoma surge frente à impossibilidade lógica da relação entre os sexos, é fruto da tentativa e do fracasso em fazer a relação sexual existir. Esta afirmação parece uma outra forma de afirmar a busca frustrada do objeto perdido em Freud. Em busca da completude, de fazer o Um, o sujeito se depara com a infinitude. Lacan acredita tratar-se de uma outra ordem de satisfação pulsional, o gozo com a falta. O sintoma se constitui, então, nesse ponto de gozo, vinculado à repetição e à fantasia. Definir o sintoma como a busca incessante do gozo impossível, tendo como tônica a repetição, aproxima os dois psicanalistas.

Considerar a Psicanálise como "o laço social de nossos dias" tal como afirma Lacan em *RSI* é crer que a relação do homem contemporâneo com a cultura não se dá mais pelos caminhos convencionais, pela renúncia ao gozo do corpo da mãe. É propor um artifício no lugar onde antigamente existia a identificação a um ideal, é afirmar que existem subjetividades que se inserem na sociedade a partir de uma rede ou trama singular.

Como não poderia deixar de ser, a transferência também se apresenta diferentemente na atualidade: o sujeito que nos procura busca o atendimento imediato para a angústia transbordante, sem tempo de espera para o surgimento de algo próprio: ele busca o *fast-food*, o remédio miraculoso – e o alívio é prometido nas novidades oferecidas pela indústria farmacêutica. O analista tem que combinar agilidade e cuidados, tem que caminhar entre o atendimento e a frustração das demandas, possibilitando o surgimento de um saber próprio ao analisando. Para que o laço transferencial se estabeleça é preciso que o analista se diferencie dos demais, constituindo para o analisando uma exceção necessária de credibilidade.

Neste rastro lacaniano, Jacques-Alain Miller (2000) acredita que a escuta analítica deve buscar no sujeito o que lhe faz função nomeadora, organizadora. Ele, em "A teoria do parceiro", vai além, sugerindo que o analista possa ser considerado parceiro-sintoma, com função do significante Nome-do-pai na medida em que funcione enlaçando com sua palavra as categorias não conexas de seu paciente. Para Miller, se vivemos em um mundo em que a conquista de ideais não mais excita, em que não se espera muito do futuro, o analista deve funcionar como diferença num universo de iguais, deve orientar sua clínica para o campo de gozo do sintoma e operar na transferência através de *lalangue*, trazendo o não-convencional a uma cultura já saturada de sentido e das compreensões psicanalíticas tradicionais. Gostaríamos de apontar que essa clínica se apóia na idéia de suplência e de equilíbrio da estrutura, acredita que o sujeito não sofre porque carece de significados, mas porque não se encontra em nenhum deles.

Aceitar a idéia de que alguém se organize a partir de uma cena montada – Miller nos fala em "aparelho", onde os papéis já se encontram definidos, analisando e analista – parece, ao contrário, determinar o fim do sujeito e o início de uma robotização ou reprodução de clones. Entretanto, o conceito de identificação ao sintoma proposto por Lacan como final de análise vem resgatar o particular de cada subjetividade, a identificação com o analista enquanto parceiro-sintoma, que não é ao traço ou ao analista enquanto ideal, mas ao desejo inconsciente, ao que o causa enquanto ser falante.

Lacan, em "La tercera" (1974/1988), afirma que a psicanálise se conserva na cultura por um paradoxo: ela permanece porque fracassa. Para explicarmos melhor essa afirmação de efeito que nos faz Lacan, devemos nos remeter ao conceito fundamental sobre o qual ela opera: a repetição.

Foi para frisar que o desejo está implicado no discurso analítico que Lacan chamou a esta conferência de "La troisième", apontando seu aspecto circular, brincando com a homofonia, ressaltando a proximidade da grafia de disco e discurso: *disque e disc-ours.* O título faz alusão a uma estrofe de um soneto que diz: "La treizième c'est encore la première"; a intenção do psicanalista é ressaltar que esta terceira comunicação que proferia em Roma era, na verdade, um retorno às idéias de sua primeira comunicação: "Função e campo da fala e da linguagem em psicanálise" em 1953 – publicada nos *Escritos* (1966/1998).

Ao apontar o movimento circular da pulsão como o próprio do discurso analítico, o mestre francês assinala que este gira em torno de algo que se evade, o objeto *a*, e que, portanto, o que temos em termos teóricos é um eterno retorno a antigas formulações num outro tempo e espaço.

Não devemos falar em ruptura ou revolução quanto à Psicanálise, pois se trata de um saber que gira em torno de um centro, seu referente, o objeto *a*. O movimento do saber analítico é de voltas que se sucedem em torno de um eixo em contextos diferentes, fazendo com que conceitos teóricos já estabelecidos retornem em posição de exterioridade ao discurso, determinando demanda de saber.

É a partir da repetição que Lacan formula: "a psicanálise é um sintoma da cultura" (1974/1988) enquanto referido ao inconsciente e sempre por se constituir. Para ele, a psicanálise fracassa porque o sentido não dá conta da pulsão; esta sempre excede o que se tem a dizer, e é por isto que a interpretação psicanalítica sempre frustra. É, então, graças ao malogro do sentido que se sustenta a interrogação, pois, se este triunfasse, o que teríamos seria o desaparecimento da psicanálise e o recrudescimento das religiões, o incremento da fé e das certezas irrefutáveis.

Acredito que o retorno de Lacan a Freud, tal como tentei demonstrar no referente ao sintoma, é prova de que a especificidade de nossa teoria são revoluções infinitas sobre seu centro, o ponto de gozo próprio da pulsão. Reconhecer o limite da interpretação é apontar a irredutibilidade do gozo à decifração, é apontar o *locus* da pulsão entre o psíquico e o somático.

O homem se mantém na busca incansável do objeto perdido freudiano, ou ainda, como diz Lacan, na eterna tentativa – sempre frustrada – de fazer a relação sexual existir. Assim sendo, a Psicanálise sempre terá o que dizer a este ser falante tão desamparado pelo significante. O sintoma, enquanto o que não cessa de se inscrever, demarca não só a impossibilidade da relação sexual como suas manifestações garantem o campo analítico na cultura.

Referências bibliográficas

De Paoli, C. (2000). Psicanálise e contemporaneidade: a clínica e os novos sintomas. *Tempo Psicanalítico*, vol. 32. Rio de Janeiro.

————. (2001). Tu és teu *sinthome*. *Tempo Psicanalítico*, vol. 33. Rio de Janeiro.

S. Freud. (1913). Tótem e tabu. *Obras completas*, vol. XIII. Buenos Aires: Amorrortu, 1976.

————. (1915). Conferencias de introducción al psicoanálisis: conferencia XVIII: los caminos de la formación de lo síntoma. *Obras completas*, vol. IV. Buenos Aires: Amorrortu, 1976.

————. (1916-1917). Conferencias de introducción al psicoanálisis: conferencia XVII: el sentido de los síntomas. *Obras completas*, vol. XVI. Buenos Aires: Amorrortu, 1976.

————. (1920). Más allá del principio del placer. *Obras completas*, vol. XVIII. Buenos Aires: Amorrortu, 1976.

————. (1926). Inhibición, síntoma e angustia. *Obras completas*, vol. XX. Buenos Aires: Amorrortu, 1976.

————. (1930). El malestar en la cultura. *Obras completas*, vol. XXI. Buenos Aires: Amorrortu, 1976.

Lacan, J. (1962-1963). *O seminário, livro 10, A angústia*. Inédito.

————. (1966). *Escritos*. Rio de Janeiro: Jorge Zahar, 1998.

————. (1974-1975). *O seminário, livro 22, RSI*. Inédito.

————. (1974). La tercera. Em *Intervenciones y textos* 2. Buenos Aires: Manantial, 1988.

Miller, J.-A. (1998). O sintoma como aparelho. Em *O sintoma-charlatão*. Rio de Janeiro: Jorge Zahar.

————. (2000). A teoria do parceiro. Em Escola Brasileira de Psicanálise (orgs.). *Os circuitos do desejo na vida e na análise*. Rio de Janeiro: Contra Capa.

CONSEQÜÊNCIAS CLÍNICAS DAS CONCEPÇÕES DE CRIAÇÃO EM PSICANÁLISE[1]

*Daniel Kupermann**

Em primeiro lugar, quero agradecer ao convite da SPID para participar dessa homenagem ao Dr. Horus Vital Brazil. Conheci o Dr. Horus, por coincidência, em uma outra homenagem recebida por ele em São José do Rio Preto, há cerca de dez anos. Naquela ocasião, foi lançado, pela Imago, o livro *Dois ensaios entre psicanálise e literatura* (Brazil, 1992). Pouco depois passei a me dedicar ao tema da sublimação, sobre o qual me debrucei durante a pesquisa que originou minha tese de doutorado. Então, o que pretendo apresentar hoje são questões que têm como ponto de partida o tema da sublimação, tratado pelo Dr. Horus em *Dois ensaios entre psicanálise e literatura.*

Não pretendo acompanhar o seu argumento, mas refletir acerca das conseqüências clínicas das concepções de criação que a tradição psicanalítica pôde indicar, para que possamos chegar a algo que diga respeito, efetivamente, aos impasses encontrados pela clínica no contemporâneo. Basicamente, o que Dr. Horus defende em seu livro, aprofundando uma questão que parte do campo psicanalítico vem pensando, é que a sublimação se apresenta como um conceito ou uma noção paradoxal, porque, de um lado, estaria referido à dessexualização das pulsões e, de outro lado, apontaria para algo da ordem do irrepresentável. Teríamos aí uma brecha para pensar efetivamente a problemática da criação do modo como ela foi proposta por Freud e, também, posteriormente.

Parto de duas perguntas. A primeira: de que maneira a experiência psicanalítica pode facilitar, para o analisando, processos de criação

---

* Psicanalista; Membro da Formação Freudiana; Autor dos livros *Transferências cruzadas. Uma história da psicanálise e suas instituições* (Revan) e *Ousar rir. Humor, criação e psicanálise* (Civilização Brasileira).

sublimatória? A segunda pergunta está ligada à primeira: de que modo o psicanalista está implicado naquilo que pode ser criado na clínica?

Se acompanharmos Freud, pelo menos até a segunda tópica, o que encontraremos como resposta mais imediata à primeira pergunta seria que a experiência psicanalítica não pretende facilitar processos de criação sublimatória, porque isso não é uma questão para a clínica. E qual a implicação do psicanalista no processo de criação? Nenhuma, porque o psicanalista não participa dos processos criativos que porventura vierem à luz.

É curioso, porque hoje a articulação entre criação e clínica parece soar bastante familiar aos ouvidos dos psicanalistas. Articular clínica e criação é bastante procedente, mas não é assim na maior parte da obra de Freud. Este problema estaria relacionado, talvez, a um questionamento acerca de qual é a direção da cura, acerca da problemática da cura em Freud. O modo como Freud trata o problema da criação é parecido, similar ao modo como ele trata do problema da cura. Se pegarmos, por exemplo, "Análise terminável e interminável" (Freud, 1937/1980), já no final da sua obra, Freud vai dizer: não devemos nos perguntar o que é cura, já sabemos suficientemente, mas o que faz obstáculo a ela. É claro, há motivos políticos para dizer isto, toda a crítica à "pressa americana", às exigências de eficácia do tratamento etc. O desvio proposto por Freud é muito curioso, e instigante. Então tentarei circunscrever três momentos nos quais a questão da criação se impõe de uma maneira característica em Freud.

O primeiro deles, nos chamados artigos técnicos, mais especificamente em "Recomendações aos médicos que exercem a psicanálise" (Freud, 1912/1980). É um ensaio com vários itens, conselhos; se não me engano, são dez "mandamentos" técnicos. No item h, onde está pensando a relação da psicanálise com a educação, Freud afirma que a psicanálise não tem relação com métodos educativos e passa a comentar o problema da sublimação, dizendo: olha, nós não devemos exigir nem esperar que os nossos analisandos sublimem. O nosso trabalho é de suspensão dos recalques, das inibições. Sublima quem pode e quem quer. Basicamente é essa a idéia.

Isso é bastante justificável na ocasião, porque é simétrico ao que se entende, neste momento, por sublimação. Lembrando então da sugestão do Dr. Horus, a primeira concepção de sublimação é efetivamente a de um desvio da pulsão do seu alvo sexual – uma dessexualização – em função das exigências civilizatórias. Então, Freud poderia até mesmo afirmar o contrário, isto é, a psicanálise apontaria no sentido oposto ao da sublimação, porque trabalhar pela sublimação, ou com esta visada, é ser pedagógico, é fazer o jogo do inimigo.

Neste momento, nós temos uma oposição bastante franca entre pulsão e moral sexual civilizada. Não só a criação não é um problema para a clínica como não se impõe como um problema crucial para o psicanalista, como hoje se impõe, e talvez mesmo no desenrolar da obra de Freud. Sua idéia é, portanto, a de que não cabe ao analista nenhuma participação neste processo. O que Freud concebe é que, se houver competência sublimatória, esta se dará "espontaneamente", sem participação ativa do analista. O termo é exatamente esse, ao menos na tradução da Imago: espontaneamente.

É interessante porque esta concepção está em sintonia com a analogia que Freud (1905 [1904]/1980) utiliza, inspirado em Leonardo da Vinci, para aproximar o método psicanalítico da escultura, operando *per via di levare*, em oposição ao método sugestivo, que se processaria *per via di porre*, tal qual a pintura. Qual é a idéia de da Vinci? Que a pintura se dá por acréscimo das tintas na tela, e Freud faz essa aproximação entre a pintura e o método sugestivo, no qual a palavra do terapeuta é invasiva. O método psicanalítico estaria, portanto, próximo da escultura, que se dá *per via di levare*, do mármore se retira o que está em torno da superfície da obra de arte. Curioso, porque é claro que este tipo de analogia, desde então muito utilizada, oferece uma figura muito bonita – ainda mais em italiano, *per via di levare* – mas muito delicada. Quer dizer, afinal, o que o analista põe de seu? É um chiste, eu diria. Michelangelo, quando fez a Pietá, frente ao público extasiado que se perguntava como conseguiu, de onde veio a inspiração, teria dito: "eu não fiz nada, estava no mármore". É um belo chiste, mas transposto para a clínica impõe algumas questões. Aliás, questões ligadas também ao campo da arte. Afinal de contas, o que o artista põe de seu?

Por último, esta questão vai justamente ao encontro da idéia freudiana de que o termo "análise" tem sua inspiração na química. Isso aparece em vários momentos da sua obra e é retomado em um ensaio pronunciado não por acaso em Budapeste, em 1918, no V° congresso internacional de psicanálise, intitulado "Linhas de progresso na terapia psicanalítica" (1919 [1918]/1980), no qual Freud retoma a analogia com a análise química justamente para falar da dimensão do ato do psicanalista. Trata-se de uma conferência em um congresso internacional na "casa" de Ferenczi em que Freud prepara o terreno político para as contribuições ferenczianas que viriam a ser reconhecidas como "técnica ativa". Então, Freud retoma essa idéia da inspiração na análise química para afirmar que, diante dos grandes agrupamentos molares – o sintoma, o sintomão –, nós separamos as partes moleculares. A análise é uma espécie de desconstrução. Não se trata de pensar em "síntese", mas apenas em "análise", o que é um grande problema. A crítica, inclusive, que a psicanálise receberia é a seguinte: como o analisando excessivamente comprometido vai ter sucesso em juntar esses elementos moleculares "analisados" e fazer alguma coisa com isto? A toda a filiação junguiana, a filiação americana, com Putnam, Freud responde: eu não preciso me preocupar com isto, eu faço análise. E por que eu não preciso me preocupar com isto? Porque o funcionamento psíquico já é regido por uma compulsão à síntese. E aqui nós chegamos a um problema importante.

Há uma compulsão no psiquismo, um impulso psíquico para promover... o termo empregado por Freud é *ligação*. Então a síntese está garantida. Então por que nós podemos fazer a "análise"? Porque há algo do psíquico que vai necessariamente fazer as sínteses. Os termos empregados por Freud são "necessariamente", "automaticamente", "inevitavelmente". Ora, há um fundamento que se oferece como garantia para a clínica psicanalítica. E que fundamento é este? Os processos de ligação não deixarão de ocorrer, garantidos pela instância do ego. Então Freud se apóia numa reificação da estruturação egóica, que é garantidora de ligações e de síntese. Logo, o analista não precisa participar dos processos criativos, que se farão por si.

Todas esta figuras nos permitem acompanhar a hipótese inicial, a de que para Freud a análise não precisa ter a criação como visada, tampouco o psicanalista precisa dela participar. Seu instrumento é a interpretação: interpretação do recalcado, interpretação da resistência. Também interpretação da transferência – seja como retorno do recalcado, seja em seus aspectos resistenciais – negativa ou positiva dos impulsos eróticos. É isto que se faz. Interpreta-se desconstrutivamente sob a garantia dos processos de ligação.

É claro que o paradigma freudiano para conceber a sublimação como deserotização – já que criação não é um termo que comparece de maneira decisiva em sua obra – é um paradigma cientificista, vinculado ao incremento tecnológico, no qual as metáforas empregadas são sempre metáforas mecânicas. Não se deve sublimar em excesso, assim como as máquinas não conseguem transformar todo o calor em energia. Então, se nem as máquinas o fazem, como é que nós o faremos? Como sublimar tudo?

Vamos fazer uma passagem agora a jato (as máquinas evoluem). Qual é o corte que, na obra de Freud, vai impor a problemática da criação em psicanálise? São basicamente três formulações inéditas: primeiro, a introdução do narcisismo, que vai fazer do problema da libido dessexualizada um problema crucial (Freud, 1914/1980). Que fazer com a dimensão "dessexualizada" da libido (libido do ego)? A segunda formulação é a de pulsão de morte, que, vinculada à primeira, será o motor ou a força motriz desta energia dessexualizada (Freud, 1920/1980). E, por último, a formulação do superego como a instância que vai poder se apropriar da energia dessexualizada para produzir sintomas, inibições, masoquismos etc (Freud, 1923/1980). Assim, a problemática da criação passa a ser fundamental para Freud. Ou se cria a partir da libido "dessexualizada", ou ela fica disponível para o incremento do potencial mortífero do superego.

Já não poderíamos responder a primeira pergunta posta – como a psicanálise pode favorecer a criação? – dizendo: não é problema nosso. É problema, e Freud sabe que é problema, ainda que isto não seja anunciado com todas as letras. Mas está anunciado como? Por exemplo, na referência aos versos de Heine, "[...] criando, pude recuperar-me; criando, tornei-me saudável" (Freud, 1914/1980: 102). E qual é a participação do analista nos processos criativos em uma análise? Aí temos novos problemas. Porque a concepção do trabalho "desconstrutivo" da análise é a de que vamos remeter o sujeito ao seu desamparo constitutivo, e, a partir da sua condição desamparada, algo vai poder ser criado. Mas por que não foi criado antes e agora seria? Porque nós temos a transferência. A transferência vai funcionar como a garantia que anteriormente os processos de ligação ofereciam a Freud. Então agora o sujeito vai suportar o desamparo. Não o suportou nas experiências infantis, mas vai suportar agora porque passa a dispor do impulso "automático" – provocado pela transferência – para promover ligações.

A idéia que pretendo propor para o debate é de que talvez nós estejamos exigindo muito disso que se chama transferência. Afinal, ela é o ovo e também a galinha; depende da efetividade dos processos de ligação – é preciso que o analisando *possa* transferir – e se oferece como garantia desses mesmos processos. Então, mesmo com toda convicção de que a criação é fundamental no curso de uma análise, Freud insiste na suposição de que, desde que haja transferência, a criação vai se dar "espontaneamente", "inevitavelmente". Apesar de nós sabermos que neste período, ou seja, a partir dos anos 1920, Freud já percebia e confessava a alguns de seus colaboradores que a psicanálise – do modo como era praticada – poderia fazer muito mal.

Para dar um último passo, retomarei a questão formulada por Ferenczi. Sua contribuição importa, porque Ferenczi vai desenvolver uma teoria da criação que pode nos auxiliar a refletir acerca das questões postas acima. Outra vertente conhecida está nas contribuições de Winnicott, mas sua filiação é muito precisa. Ela tem sua origem no texto ferencziano. Não é sem propósito que, no seu ensaio de 1918 (1919 [1918]/1980), Freud anuncia a importância da "técnica ativa" que vinha sendo desenvolvida por Ferenczi para o tratamento dos fóbicos e dos obsessivos graves. A "arte interpretativa" não era mais suficiente. Sublinharei as questões apresentadas no ensaio "A criança mal acolhida e sua pulsão de morte" (Ferenczi, 1929/1992). Ferenczi vinha aprofundando o questionamento acerca dos efeitos iatrogênicos da análise, o quanto uma análise pode fazer mal. A idéia básica desenvolvida é a de que uma análise pode fazer mal por remeter o analisando ao seu estado de desamparo. Essa direção tende a ser traumatizante, já que, em função do distanciamento afetivo do analista, termina por remeter o analisando, de fato, à experiência do *abandono*. E é justamente a diferenciação entre desamparo constitutivo – que favorece a criação – e abandono e isolamento traumático que levou alguns autores a repensar a segunda pergunta apresentada no início dessa conferência – de que modo o psicanalista se vê implicado na possibilidade da criação na clínica.

Assim, em "A criança mal acolhida e sua pulsão de morte" (Ferenczi, 1929/1992), nasce uma idéia que merece atenção e que se contrapõe a uma extensa tradição. Afinal, toda a vertente que concebeu a idéia de que o analista não tem participação naquilo que é criado terminou por produzir o que poderíamos chamar, acompanhados por alguns colegas, de ética da responsabilização[2]. Quer dizer, o analista faz o trabalho dele até certo ponto; o que o analisando vai poder ou querer fazer a partir desse ponto já não é parte das atribuições do psicanalista. Isto está sugerido em certas formulações como a da suposta "covardia moral" das histéricas que aparece nos

"Estudos sobre a histeria" (Freud, 1893-1895/1980), bem como no seminário da ética, de Lacan (1959-1960/1991). Mas, justamente a partir de "A criança mal acolhida e sua pulsão de morte", Ferenczi inaugura um estilo clínico apoiado menos na ética da responsabilização do que no que podemos chamar de *ética do cuidado*. Seguindo essa inspiração, concebe-se que não é possível a emergência de processos criativos sem a aposta no encontro afetivo, sendo que a promoção de um espaço propício para a experiência compartilhada talvez seja o principal desafio do psicanalista.

Para concluir, seguindo a sugestão de Winnicott (2000) de que um bebê não existe sozinho, enfim, toda a idéia de que não se pode destacar o bebê do ambiente, poderíamos pensar também que não é possível ao analisando existir sozinho, e que a ética da responsabilização na clínica psicanalítica deve ser repensada, sobretudo no contexto de abandono traumático generalizado que atravessamos.

Referências bibliográficas

Brazil, H. V. (1992). *Dois ensaios entre Psicanálise e Literatura.* Rio de Janeiro: Imago.

Ferenczi, S. (1929). A criança mal acolhida e sua pulsão de morte. Em *Psicanálise IV*, São Paulo: Martins Fontes, 1992.

Freud, S. (1893-1895). Estudos sobre a histeria. Em *Edição standard brasileira das obras completas de Sigmund Freud*, v. II. Rio de Janeiro: Imago, 1980.

————. (1905 [1904]). Sobre a psicoterapia. Em *Edição standard brasileira das obras completas de Sigmund Freud*, v. VII. Rio de Janeiro: Imago, 1980.

————. (1912). Recomendações aos médicos que exercem a psicanálise. Em *Edição standard brasileira das obras completas de Sigmund Freud*, v. XII. Rio de Janeiro: Imago, 1980.

————. (1914). Sobre o narcisismo: uma introdução. Em *Edição standard brasileira das obras completas de Sigmund Freud*, v. XIV. Rio de Janeiro: Imago, 1980.

————. (1919 [1918]). Linhas de progresso na terapia psicanalítica. Em *Edição standard brasileira das obras completas de Sigmund Freud*, v. XVII. Rio de Janeiro: Imago, 1980.

————. (1920). Além do princípio do prazer. Em *Edição standard brasileira das obras completas de Sigmund Freud*, v. XVIII. Rio de Janeiro: Imago, 1980.

———. (1923). O ego e o id. Em *Edição standard brasileira das obras completas de Sigmund Freud*, v. XIX. Rio de Janeiro: Imago, 1980.

———. (1937). Análise terminável e interminável. Em *Edição standard brasileira das obras completas de Sigmund Freud*, v. XXIII. Rio de Janeiro: Imago, 1980.

Lacan, J. (1959-1960). *O seminário livro 7, A ética da psicanálise*. Rio de Janeiro: Jorge Zahar, 1991.

Winnicott, D. W. (2000). *Da pediatria à psicanálise: obras escolhidas*. Rio de Janeiro: Imago.

NOTAS

1 Conferência pronunciada na Iª Jornada Externa – Tributo a Horus Vital Brazil, promovida pela Sociedade de Psicanálise Iracy Doyle (SPID) de 5 a 7 de maio de 2006. Transcrição de Adhara Pedrosa, graduanda em psicologia na Universidade Federal Fluminense.

2 Argumento desenvolvido por Benilton Bezerra Jr. em conferência inaugural para o curso de pós-graduação "Atenção à saúde materno-infantil" da Maternidade Escola da UFRJ, proferida em 08/03/2006.

Por um futuro, a psicanálise[1]

*Edelyn Schweidson**

Em seu preito comovido a Hélio Pellegrino, Horus Vital Brazil cita o amigo-irmão, que almejara simbolizáveis "o chão como terra firme e o mundo como casa do homem" e para quem "as utopias [são] fontes de todos os caminhos, projetados no porvir" (1998: 102).

Ao citar o amigo que reivindicara um futuro que marxismo e psicanálise viabilizariam, Horus zela pela transmissão de valores que eles compartilharam, baseados na sensibilidade alteritária que afirma uma comunidade por vir, irredutível à nostalgia de um tempo mítico anterior à introdução do capitalismo perverso e à alienação secundária do sujeito que, seduzido pelo poder ilimitável, age destrutivamente em relação ao bem comum.

(Tímido e generoso, Horus citava Hélio, que também o citava, generoso e menos tímido: assim os dois faziam comunidades permitindo futuros, presentes um para o outro, interlocutores da vida inteira que eram, daqueles que podem surgir de dentro da gente quando são precisos, para continuarmos a conversa ininterruptível).

Não há como emudecer nesta homenagem o acesso privilegiado que tive, através da convivência amiga, a momentos eloqüentes da contribuição de Horus à psicanálise, que lhe trouxeram o reconhecimento da comunidade psicanalítica mundial, assim como a instantâneos reveladores da sua sensibilidade alteritária, numa práxis de vida voltada para o bem comum.

---

* Psicanalista, membro da SPID; Doutora em Psicologia Clínica pela New School of Social Research, em Nova York; Bolsa de Pós-Doutorado do CNPq para pesquisa-ação sobre narrativas ficcionais de meninos de rua no Rio de Janeiro; Membro do Amigos Brasileiros do Paz Agora.

De modo absolutamente original, Horus marcou a continuidade entre a prática clínica e a psicanálise em extensão, mostrando como a oposição inclusiva individual/coletivo possibilita a interpretação referida à dimensão social, como ato simbólico que se associa ao criticismo, podendo denunciar o que faz violência a valores e significações, e ideologias totalitárias que se opõem à diversidade e ao movimento da cultura, chamando-nos à responsabilidade de testemunhas.

Horus tinha este talento ímpar de, ao voltar-se para a clínica, simultaneamente relacioná-la com as questões do mundo, num pensar sobre a possível relevância da sua prática para a interpretação destas. Um exemplo desta sua práxis se refere à questão do poder. Segundo ele, a clínica nos dá acesso privilegiado a esta e à equação poder/saber, que nos compete desconstruir, uma vez que o poder transferencial que nos é atribuído e que põe em movimento nosso trabalho no entanto o inviabilizaria, se utilizado. Por sua vez, a psicanálise em extensão considera a universalidade da questão do poder e diferencia entre a ambição do poder – que admite limitações para o seu exercício e a legitimação de uma coletividade, a fim de promover o bem comum, podendo ser denunciado quando abusivo – e a paixão do poder, que deriva da estrutura da perversão, com sua recusa às diferenças, por furtar-se à castração simbólica e à incompletude decorrente. Este poder que se quer arbitrário e sem limites costuma postular-se como sendo exercido em nome do bem comum e investe contra todas as leis, como as que protegem os direitos humanos, em nome de valores mais altos (Vital Brazil, 2004).

Para a psicanálise, todo poder seria basicamente perverso – e seria este poder arbitrário referente à estrutura da perversão e aliado ao sadismo que faria uso de uma linguagem que *desmente a relação de quem fala com aqueles a quem se dirige* (Bataille, citado por Vital Brazil, 2004: 114), como se não existissem, que está na origem de toda a violência na cultura. Estas considerações permitem maior inteligibilidade do que nos ameaça o futuro. Teríamos que estudar a perversão a fim de tentar intervir no processo de destruição em andamento. Do mesmo modo, seria a cumplicidade masoquista de muitos, demasiadas vezes da maioria, que teria permitido as devastações que o poder perverso vem causando, o silêncio a respeito, seu esquecimento forçado e sua conseqüente repetição inevitável. O psicanalista, com o conhecimento que lhe dá sua prática sobre a questão do poder, pode contribuir para a sua interpretação simbólica no cenário do mundo, numa empreitada, junto a outros, pelo futuro.

Lembro de Horus contando que, na sua volta dos Estados Unidos, onde fez sua formação psicanalítica no William Alanson White Institute de N. Y. e amizades que passaram a ser da vida inteira, fora então convidado a falar no Pinel: os palestrantes seriam ele e o Dr. Portela. Horus percebeu que estavam todos esperando que se digladiassem, os dois representando pensamentos distintos sobre a psicanálise, de modo que um teria que ganhar e o outro perder, era o *zeitgeist* da época. Para desapontamento geral, Horus e Portela não se altercaram, tornaram-se amigos até. E era isto que Horus trazia e que era inesperado: esta abertura para a diferença, esta tolerância para a divergência, esta possibilidade de ir contra dogmas e igrejinhas, desassombradamente. Já em 1950, estudava Lacan, quando não se falava ainda dele no Brasil. Sempre se negou a ismos e guerras santas: para ele, a psicanálise não precisa de adjetivações.

Encontrou muitos preconceitos quando voltou para cá. Enfrentou-os e afirmou uma prática sem dogmas, aberta à pluralidade e ao estudo de autores psicanalíticos considerados irreconciliáveis. Por estudá-los em profundidade, conseguiu revelar genealogias insuspeitas até então: como sua descoberta de que Sullivan, quase que desconhecido no país, e americano, ainda por cima, seria o precursor de Lacan em muitas dimensões, por exemplo ao valorizar a linguagem como constituindo a realidade psíquica e por perceber como mito a concretude de um eu individual do mesmo modo que Lacan, mais tarde, afirmaria o sujeito como função da intersubjetividade. Assim que Horus abria caminhos, varria preconceitos, estabelecia pontes e vínculos, semeava futuros.

Contava que ele e seu irmão mais velho brigavam muito e que uma vez entraram numa briga feroz. Foi aí que alguém chamou o pai, que lhes disse que o haviam decepcionado muito e os mandou para o quarto. Segundo Horus, eles nunca mais brigaram, ficaram sendo os melhores amigos. Talvez venha daí sua convicção sobre comunidades possíveis?

Lembro do Fórum Internacional de Psicanálise, em 1989, que Horus organizou aqui no Rio. Vieram psicanalistas de todas as partes e lembro da Circe, esposa do Horus, rebatendo uma crítica feita com arrogância a Chrzanowski, em nome da metodologia da ciência: Circe, professora desta cadeira na pós-graduação, mostrou que o crítico não conhecia nem metodologia nem ciência, isto é, nem sabia do que estava falando. Lembro bem do bonito que foi vê-la aguerrida contra alguém que desrespeitava uma pessoa querida, nosso amigo. O bom foi que Chrzanowski não ouvira nada, algum anjo havia emudecido o aparelho de tradução simultânea.

Ao amigo Hélio, Horus ofereceu sua casa, para que nela atendesse seus pacientes, quando perseguido pela ditadura. Assim agindo, Horus arriscava sua vida. Ele e Circe eram companheiros no desassombro, no empenhar-se pelos amigos e pelos injustiçados. Era profissão de fé, semeadura de futuros.

Quando ganhei uma bolsa de pós-doutorado do CNPq a fim de levar adiante minha pesquisa-ação com meninos de rua, Horus me disse que meu trabalho merecera o prêmio e pediu-me que o publicasse na revista da SPID. Assim abria os braços para uma psicanálise além das quatro paredes, em interlocução com o mundo, e fazia a crítica aos ídolos do dia.

Recém, entreguei-lhe o livro de Fabio Landa, que trabalha as figuras metapsicológicas de Torok e Abraham em relação à Shoah. Horus folheou-o com interesse e comentou que gostava muito do Abraham, de quem usava com freqüência o conceito de anassemia. Creio que poucos psicanalistas conhecem tanto e tão profundamente o que se escreve no seu campo. E fora dele. E com tanta paixão, com tanto entusiasmo. Horus foi quem me introduziu a Lévinas, quando eu trabalhava a questão do trauma. Seria este filósofo, que valoriza a ética como fundamento último e que sabia tanto do trauma da fundação do sujeito, quem mais me ensinaria sobre esta questão que nos queima.

Sua insistência na oposição inclusiva individual/coletivo visa mostrar nossa imersão na cultura, que não subsistimos humanamente sem o reconhecimento da dívida simbólica para com o Outro, tesouro da cultura, que nos une a todos. Este reconhecimento permite o futuro.

Sua leitura dos autores, mesmo dos arautos da verdade do dia, era uma leitura crítica, que lhe permitia uma liberdade criativa diante deles. Seu texto sobre o Passe Freudiano – manuscrito não publicado – é paradigmático desta sua atitude. Valoriza o passe no que há de inovador na proposta lacaniana, a institucionalização como inscrição de um percurso singular no coletivo, numa articulação da prática com a teoria que nada tem a ver com o ritual acadêmico e que reconhece o inconsciente determinativo. No entanto, Horus critica a proposição de Lacan, que, embora tenha estabelecido a formação do psicanalista como o "constituinte ternário" que faz a ligação simbólico – real, presentificando a função do desconhecimento e possibilitando a dialética instituinte-instituído, não teria ido além de uma tentativa de auto-reprodução de um saber individualizado com um nome. Daí Horus sugerir, junto com Didier-Weill, o "passe freudiano", o que poderia vir a permitir a institucionalização, no modo de assunção da dívida simbólica, "do que se quer simbolizado na instituição".

Ao entregar-me uma cópia de um seu trabalho publicado pelo IFPS Journal, escreveu uma dedicatória em que fazia os melhores votos para a minha produção de denúncias. Havia apoiado meu texto em que denuncio a entrega masoquista feita pela platéia, por ocasião da reunião dos Estados Gerais no Rio, a um Führer que chamava ao ódio e à violência terrorista.

Horus foi sempre uma referência ética e humana. Esteve sempre onde dele se precisava, garantindo o futuro.

Permitia a discordância, e há os colegas que se mantêm discutindo com ele, discordando, brigando, numa conversa infinda, apaixonada; somos tantos a tê-lo presente sulcando o chão para o plantio, nestas discussões intermináveis!

Lembro de uma noite, Horus nos contando, ao amigo João Batista Ferreira e a mim: ele e Hélio muito jovens, viajando de carro pelo interior de Minas, Horus guiando. De repente, Hélio pediu-lhe que parasse o carro. Havia visto uma vaquinha no pasto. Desceu do carro, apanhou uma braçada de flores silvestres e foi até a vaquinha. Ajoelhou-se diante dela e lhe recitou poemas.

Não sei se tinha a ver com a vaca da Invenção de Orfeu, de Jorge de Lima, cuja garupa era palustre e bela e em cuja fronte ardia uma estrela, mas certamente Hélio a reconhecia como a origem da via-láctea, e Horus também, no encantamento com o amigo. Estavam lá os dois, recitando poesias para a vaca, mãe de todos reconhecida, mansidão do afeto imenso. Impossível o deserto com tanto afeto. A correr como leite e mel, terra prometida, entre a vaca e os amigos, na comunidade dos tempos. Assim construía futuros o Horus. Rememorando passados que o continham, como se leite jorrando.

Lembro ainda do casamento de Liana, sua filha caçula. Horus falou, na ocasião. Desejou que o amor dos dois, Liana e Ross, seu marido, fosse que nem um seixo que, atirado num lago, cria círculos concêntricos cada vez mais amplos na superfície das águas, contagiando cada vez mais pessoas.

Assim era o Horus: na sua felicidade desejava os outros felizes, queria saber como fazer para que isto acontecesse; na sua prática, pensava em como dela extrair o que permitisse usos para o mundo, estendia-se, doava-se, afirmava futuros. Lega-nos o trabalho de continuar, plantando para os que estão por vir, para o porvir.

Referências bibliográficas

Vital Brazil, H. (1988). A estrutura de sublimação em psicanálise. Em João Moura (Org.). *Hélio Pellegrino – A-Deus* (pp. 102-115). Petrópolis: Vozes.

————. (2004). Ambição e paixão pelo poder. Em *Horus Vital Brazil – Psicanálise cem anos depois* (pp. 95-115). Rio de Janeiro: Booklink.

Notas

1 Muitas das informações e citações presentes no texto originam-se de conversas (saudosas) com Horus Vital Brazil.

As direções da clínica na contemporaneidade

*Enaide Bezerra Barros**

O próprio título desse trabalho já sugere uma inquietação, e uma interrogação; interrogação e inquietação inerentes não só à própria clínica psicanalítica, como também ao nosso tempo pós-moderno, e esse título ainda afirma que é necessária uma nova direção para a clínica psicanalítica. Claro está que essas inquietações surgem do psicanalista em função, isto é, em atividade clínica, pois é a clínica que sempre interroga o psicanalista e impõe questionamentos éticos sobre a sua práxis. Isso quer dizer que o analista fala, faz ato, a partir do mal-estar que suas interrogações e questionamentos lhe provocam. O mal-estar do analista se configura, portanto, como indispensável a sua ética. Devo também afirmar que considero a clínica psicanalítica o lugar privilegiado para a pesquisa e a compreensão do sujeito seja lá onde ele possa se expressar: no tempo de Freud – tempo moderno –, ou no tempo contemporâneo – tempo pós-moderno.

Em "Psicologia das massas e análise do eu", Freud não via nenhuma antinomia entre a psicologia individual e a psicologia social. Diz ele:

> O contraste entre a psicologia individual e a psicologia social ou de grupo, que à primeira vista pode parecer pleno de significação, perde grande parte de sua nitidez quando examinado mais de perto. É verdade que a psicologia individual relaciona-se com o homem tomado individualmente e explora os caminhos pelos quais ele busca encontrar satisfação para seus impulsos pulsionais; contudo, apenas raramente e sob certas condições excepcionais, a psicologia individual se acha em posição de desprezar as relações desse indivíduo com os outros. *Algo mais está invariavelmente envolvido na vida psíquica do indivíduo, como um modelo, um objeto, um auxi-*

* Membro Psicanalista da SPID – Sociedade de Psicanálise Iracy Doyle.

> *liar, um oponente, de maneira que, desde o começo, a psicologia individual, nesse sentido ampliado, mas inteiramente justificável das palavras, é, ao mesmo tempo, também psicologia social* (Freud, 1921/1976; grifo nosso).

É dessa maneira, naquilo em que o sujeito *está invariavelmente envolvido*, e *onde a psicologia individual é ao mesmo tempo também psicologia social*, como nas palavras do Freud, que pretendo abordar "as direções da clínica na contemporaneidade", tecendo alguns comentários a partir do laço social; isto quer dizer que, ao mesmo tempo, estarei me referindo ao que da clínica psicanalítica posso constatar.

No mundo atual, fala-se muito numa "crise" de valores morais, numa desorientação em face às normas e regras de conduta, num comportamento de práticas violentas na sociedade e na política, num declínio da interiorização do respeito às leis e às regras de uma comunidade. Ninguém contestará que estamos vivendo uma crise de referências – seja qual for a pertinência dessa expressão. Os sujeitos encontram-se esvaziados de sua condição singular e reduzidos à imagem que os espelhos da sociedade pós-moderna desenham de si. Há um culto às imagens, ou seja, à exibição. Melman (2003) chega a propor que estamos vivendo uma *pan escopia*. Há câmeras em quase todos os lugares e ainda mandam você sorrir porque está sendo filmado.

Alguns nomeiam a "crise" com o nome de pós-modernidade. Se a modernidade (e aí temos a psicanálise) radicaliza a disjunção entre sujeito e objeto, a pós-modernidade nega ou re-nega o efeito dessa separação. Com o objeto acessível ou "acessável" facilmente, resta pouco espaço para a falta – e conseqüentemente para o desejo. Prevalece a sensação do acidental, do efêmero, do volátil. "Os objetos são descartáveis, as relações pessoais têm caráter de '*fast food*'. Tempo e espaço foram comprimidos" (Chauí, 1992). Não há mais *impossível*, e a biologia é o exemplo disso: o homem tem o domínio da fecundidade e da reprodução. É a própria vigência da Sociedade de Risco[1] como sugerem Guidens e Beck (segundo Zizek, 1999): não existe código ou ordem simbólica de ficções aceitas.

> Todos os nossos impulsos são vividos cada vez mais como questões sujeitas à decisão pessoal. Coisas que antes pareciam auto-evidentes são vividas como produtos de nossa própria opção. Coisas que antes pareciam ser auto-evidentes – como se alimenta e educa uma criança, como se procede na

sedução sexual, como e o que comer, como relaxar e divertir-se – passaram a ser "colonizadas" pela *reflexividade*[2] e a ser vividas como algo a ser aprendido e a ser sujeito à decisão pessoal (Zizek, 1999).

O poder da autoridade está sendo substituído pelo poder totalitário. Zizek, no texto que estamos citando, nos demonstra que a nossa sociedade pós-modernista, aparentando ser hedonista e permissiva, é, na realidade, saturada de normas e regulamentos que visam a promover nosso bem-estar (restrições ao cigarro e ao comer, regras contra o assédio sexual, etc). Ao mesmo tempo, há um chamado libertador de "você pode". É ao oferecer esse tipo de pseudolibertação que o superego suplementa a textura explícita da lei simbólica social.

Ainda acompanhando Zizek, vejamos como se dá esse vínculo entre a figura do senhor totalitário e a imposição do superego: "Desfrute! Você pode"!

> A oposição superficial entre prazer e dever é superada de duas maneiras diferentes. O poder totalitário avança ainda mais longe do que o poder autoritário tradicional. O que ele diz, em efeito, não é "cumpra seu dever, quer você goste disso, quer não", mas: "você deve cumprir seu dever e deve sentir prazer em fazê-lo". O dever se torna prazer. Em segundo lugar, há o paradoxo necessariamente inverso pelo qual o prazer, numa sociedade supostamente permissiva, se transforma em dever. Os sujeitos se sentem na obrigação de se divertir, de "curtir a vida", como se isso fosse uma espécie de dever, e, conseqüentemente, se sentem culpados quando não são felizes. O superego controla a zona na qual esses dois opostos se sobrepõem – na qual a ordem de sentir prazer em cumprir seu dever coincide com o dever de sentir prazer (Zizek, 1999).

Como assinala Melman,

> a validade da presença no mundo só é verificada enquanto se é capaz de altas performances. O eu se vê exposto, frágil, deprimido, tem necessidade de se ver confirmado incessantemente. O eu se vê murcho, em queda livre, exposto aos estados depressivos diversos. O suporte do eu não é mais a referência ideal, é a referência objetal. A carência das identificações simbólicas só deixa como recurso para o sujeito uma luta incessante por conservar e renovar insígnias, cujas desvalorizações e renovação são tão rápidas, e isso o deixa inexoravelmente entregue ao envelhecimento, como seu carro.

> O que estamos observando é que há uma economia organizada pela exibição do gozo. Isso implica deveres radicalmente novos: impossibilidades, dificuldades e sofrimentos diferentes (Melman, 2003).

O mal-estar na civilização sofreu modificações e talvez, por isso, antes se buscava a psicanálise para se encontrar uma saída diferente para a sua neurose, para o conflito inerente ao desejo; hoje, os sujeitos vêm com freqüência falar do aprisionamento num visco em um gozo excessivo. A psicanálise se vê obrigada a repensar sua intervenção. Esse repensar não é uma novidade em si mesmo, já que a prática psicanalítica é sempre um exercício de transformação; e por que ela mesma não se encontrar em transformação?

É claro que a nossa questão não é somente prática – isto é, "de como devemos operar com esses sujeitos, mas também de saber até que ponto algumas delas, próprias do nosso tempo, exigirão do psicanalista que saiba reconhecer nelas um novo paradigma clínico capaz de provocar efeitos na própria abordagem das neuroses" (Barros, 1997).

Tomemos o exemplo, cada vez mais freqüente em nossos consultórios, de alguém que procura um psicanalista para conseguir forças seja para abandonar o vício das drogas, ou para sair de uma depressão. Eles nos falam muito pouco ou quase nada sobre a sua prática da toxicomania – a qual o sujeito entende como alguma coisa de exterior, de compulsivo, e, a rigor, ele se define como fora da compulsão, como se o seu vício fosse algo de colado a ele. Sobre a depressão, os sujeitos nos falam como de uma doença, já que não podem se "dizer felizes".

> Tudo se passa como se justamente fosse esvaziada a dimensão desejante, pois lhes falta a possibilidade de reconhecerem, no comportamento da adição ou na inibição depressiva, *o traço*, mesmo que seja discreto, que faria do comportamento e da inibição o indício de um sujeito e de seu desejo. Como se ao invés da falta inerente ao desejo viesse a adição, que é positiva; e, no lugar do movimento, do deslizamento dos objetos de desejo, que no final das contas constitui a história de cada um de nós, viesse a paralisia. Em suma, se eles não *apresentam* propriamente um sintoma, é no sentido de que *são eles* próprios sintomas, e é neste plano, do ser, que pagam freqüentemente um altíssimo preço (Barros, 1997).

Mesmo se considerarmos os sujeitos fora do âmbito da depressão ou da toxicomania que tomamos como exemplos, a dificuldade que o psicanalista enfrenta a cada dia é a de se defrontar com uma inibição quase sem palavras, ou com uma ação separada de sentido. "O analista é, nesses casos, convidado a tentar provocar efeitos de sujeito, sabendo que está excluído, em um primeiro momento, o que ele entende de sua *função de intérprete*" (Barros, 1997).

O que podemos ter como conforto para nos situar em nossa prática é que sabemos que ela engendra inconsciente, não somente o lê ou o decifra, e também, mais do que nunca, nos situarmos como "causa de desejo", porque aí estará o sujeito.

Talvez seja esta situação o que há de realmente novo ligado ao mal-estar contemporâneo. Numa sociedade do espetáculo, os *indivíduos* são chamados a se exibir e o que aparece como um contraponto é que o *sujeito* apresenta-se inibido.

O papel dos analistas pode ser o de tentar impedir que esses sujeitos fiquem sem escolha diante do poder totalitário que inibe o desejo. Não seria o desejo inibido que estaria configurando a depressão dos tempos contemporâneos?

Essas são questões que fecham nossa interrogação. Fecham na medida em que escapam à descrição puramente metapsicológica. Fecham na medida em que exigem a psicanálise não só de um paciente, mas daquilo que, nos pacientes, é a psicanálise do tempo presente. E porque é tempo presente termino dizendo que nós, analistas contemporâneos, já atravessamos o *instante de ver*, estamos no *tempo de compreender*, mas ainda não estamos no *momento de concluir*[3] sobre as direções da clínica na contemporaneidade.

Referências bibliográficas

Barros, R. do R. (1997). Clínica do contemporâneo: depressão, toxicomania e psicose, palestra apresentada na mesa redonda *Impasses da psicanálise contemporânea* na PUC, em 13/11/1997.

Chauí, M. (1992). Público, privado e despotismo. Em *Ética*. São Paulo. Companhia das Letras.

Freud, S. (1921). Psicologia das massas e análise do eu. *Edição standard das obras psicológicas completas de Sigmund Freud*, vol. XVIII. Rio de Janeiro, Imago, 1976.

Lacan, J. (1964). *Seminário 11 – Os quatro conceitos fundamentais da psicanálise*. Rio de Janeiro: Jorge Zahar, 1979.

Melman, C. (2003). *O homem sem gravidade – gozar a qualquer preço*. Rio de Janeiro: Companhia de Freud.

Zizek, S. (1999). O superego pós-moderno. Em *Folha de São Paulo*, Caderno Mais de 23/05/1999.

NOTAS

1 Expressão formulada por Anthony Giddens, entre outros, ver Zizek, *O superego pós-moderno*, 1999.

2 "O processo de 'reflexivização' dos costumes do dia-a-dia na modernidade segundo a teoria da Sociedade de Risco, formulada por Anthony Giddens, Ulrich Beck e outros, nossa vida não é vivida em submissão à Natureza ou à Tradição; não existe código ou ordem simbólica de ficções aceitas (o que Lacan chama de 'Grande Outro') para nos orientar em nosso comportamento social. Todos nossos impulsos, desde nossa orientação sexual até o sentimento de fazer parte de determinada etnia, são vividos, cada vez mais, como questões sujeitas a nossa própria opção. Coisas que antes pareciam ser auto-evidentes – como se alimenta e educa uma criança, como se procede na sedução sexual, como e o que comer, como relaxar e divertir-se – passaram a ser 'colonizadas' pela reflexividade e a ser vividas como algo a ser aprendido e a ser sujeito à decisão pessoal" (Zizek, 1999).

3 O tempo lógico em Lacan está constituído por três tempos: o instante de ver, o tempo para compreender e o momento de concluir. *Seminário 11 – Os quatro conceitos fundamentais da psicanálise* – Lição 3 – Do sujeito da certeza – 29 de janeiro de 1964.

Sintoma como índice para reconhecimento da estrutura significante

*Ivanisa Teitelroit Martins**

A partir de um recorte do ensaio de Horus Vital Brazil, o "Sintoma, significação e cura", apresentado no VII° Fórum Internacional de Psicanálise, em Zürich, agosto de 1985, procuro articular em Freud e Lacan fundamentos que possam desdobrar as formulações de Horus, referidas ao sintoma e à significação na clínica:

1 – "O sintoma é desde Freud uma *bilderschrift*, uma escritura pela imagem que se oferece como um hieróglifo a ser decifrado e como efeito do simbólico no real". A noção de escritura pela imagem nos remete ao "rébus", à composição onírica.

2 – "O sintoma tem um valor de mensagem cifrada e, assim como o símbolo diz a verdade parcial do desejo inconsciente, é uma metáfora que expressa a não conformidade ao desejo, revelando uma forma de ser e se impondo como questão além de qualquer taxonomia. A estrutura do sintoma é uma estruturação de significantes". A noção de metáfora nos remete à condensação, como mecanismo também presente no sonho e naquilo que é dito, que se expressa, que se manifesta, presente na fala e no corpo.

3 – *O sintoma se encontra entre o desejo e o recalque* como "solução de compromisso", de onde se desprende a significação na análise que considera *o sintoma como indicação, na demanda, isto é, na "apresentação" (*darstellung*) de uma formação inconsciente, de um desejo a ser interpretado como um "índice" que aponta para uma "outra cena"*. A noção de "apresentação" nos remete tanto à escritura pela imagem como à metáfora, uma apresentação de uma cena no campo do simbólico pela fala, enquanto formação inconsciente que aponta, como índice, para outra cena. O método indiciário de decifrar

* Psicanalista, membro da Sociedade de Psicanálise Iracy Doyle.

ou de investigar a partir de detalhes aparentemente insignificantes, dos rastros, dos traços, está presente também em Morelli e em Conan Doyle, segundo Carlos Ginzburg, em *Mitos, emblemas, sinais*.

4 – "O sintoma se oferece no acesso à ordem do simbólico através da transferência – a ser descoberto como produção do inconsciente, referido ao significante no seu enlace a um significado que terá que ser denunciado e negado para se produzir uma significação na relação analítica. O analista não descobre um significado oculto, mas constrói uma significação jamais formada antes na relação analítica". Através da transferência, na construção da demanda em análise, abre-se uma possibilidade de desconstrução de significados e de novas significações, em uma permanente plasticidade que se contrapõe à adesividade sintomática, à compulsão à repetição.

O sintoma se encontra entre o desejo e o recalque e a constituição da teoria do recalque em Freud surge a partir da ruptura entre ele e Fliess sobre a bissexualidade. Enquanto Fliess encontra evidências anatômicas para adotar a bilateralidade como índice da diferença sexual, Freud penetra no campo dos pares opostos de significantes e do conflito psíquico como constitutivo do sujeito. O período dos "Estudos sobre a histeria", quando Freud se corresponde com Fliess, é especialmente fecundo sobre a questão da sexualidade. Em 1898, surge a discordância entre Freud e Fliess, porque Fliess transforma a teoria da bissexualidade em teoria da bilateralidade, assimilando a diferença dos sexos à oposição esquerda-direita. Em carta a Fliess, datada de 4 de janeiro de 1898, Freud comenta: "abracei literalmente sua ênfase na bissexualidade e considero essa sua idéia a mais significativa para minha matéria desde a da 'defesa' [...] a bissexualidade, a qual, afinal de contas, responsabilizamos pela tendência ao recalcamento. Parece-me que só faço objeção à entremeação da bissexualidade com a bilateralidade" (Freud, 1887-1904/1986: 293). Freud nesse momento passa a formalizar a função paterna e em carta a Fliess, em 1º de agosto de 1899, exclama, já a caminho da ruptura, "Mas a bissexualidade! É claro que você tem razão quanto a ela. Estou-me acostumando a encarar cada ato sexual como um processo em que há quatro indivíduos envolvidos" (idem: 365), e passa a abordar a histeria como uma estrutura que organiza a transferência. Esta ruptura é crucial para o deslizamento metonímico da obra freudiana.

Por trás do debate em torno da bissexualidade entre Freud e Fliess, a teoria do recalque estava em vias de se constituir. O momento definitivo de ruptura com Fliess é provocado a partir de um sonho de Freud em que uma criança, ao invés de dizer até logo, diz *Auf Geseres auf ungeseres*, um par significante. Freud associa esse par a outras oposições significantes e conclui que a criança opõe palavras para manter o equilíbrio, o que teria uma função própria no campo da economia psíquica e que a oposição entre significantes como esquerda-direita (a bilateralidade em Fliess) não é determinante para a etiologia da histeria.

Freud passa então a adotar a teoria do recalque em lugar da noção fliessiana da bissexualidade. Entre os casos clínicos relatados, publicados em 1895 e republicados em 1925, escolhi o de Anna O. e o de Emmy von N. Anna O. a princípio "sentia dificuldade de encontrar as palavras, e essa dificuldade foi aumentando de maneira gradativa. Posteriormente, ela perdeu o domínio da gramática e da sintaxe" (Freud, 1893/1996: 60). Já Emmy von N., "a cada dois ou três minutos, se calava de súbito, contorcia o rosto numa expressão de horror e nojo, estendia a mão em minha direção, abrindo e entortando os dedos e exclamava numa voz alterada, carregada de angústia: 'Fique quieto! – Não diga nada! – Não me toque!'" (idem: 83). Se o feminino como tal é lacuna inominável, mutismo, resistência ao próprio discurso, esta lacuna somente pode ser demarcada por um viés, o do recalque, que vai produzir uma representação, um traço, lá onde literalmente não há nada, nem representação, nem traço. Ao fazer isso, o recalque propõe à análise um material, uma alguma coisa mais que coisa alguma. Em "A história do movimento psicanalítico", de 1914, Freud declara que "a teoria do recalcamento é a pedra angular sobre a qual repousa toda a estrutura da psicanálise". (Freud, 1914/1996: 26).

Qual é este núcleo central, este umbigo em torno do qual tudo se constrói, e o que é que desencadeia a colocação das cadeias associativas que para ele convergem?

O real está lá "só depois", na medida em que, em nível de inconsciente, a repetição significante produz literalmente o real em sua função de causa. O efeito do recalque, passando pela repetição e pelo retorno do recalcado, consiste em sexualizar aquilo que primitivamente não estava sexualizado pelo sujeito. O recalque, em suma, tem por função fazer do real uma realidade sexual. Se há sexualização, há, por esse fato mesmo, determinação de um não-sexualizado. Tal é o segredo do mecanismo de repulsa na histeria. O inconsciente opera com o real, não apenas trata o real, mas o produz, o determina no interior do processo de recalque. Esse real não é simplesmente exterior à repetição significante, mas está capturado por ela; mesmo que não esteja aí representado enquanto tal, ele está presente e se traduz por efeitos de angústia.

No "Rascunho K", Freud retoma a tripartição histeria-obsessão-psicose que havia estabelecido no artigo "As neuropsicoses de defesa" e tenta determinar o que, em cada caso, desencadeia o recalque: na obsessão, o incidente primário que forma o umbigo do recalque é um excesso de prazer; na histeria, ao contrário, trata-se de uma experiência de susto, de desprazer. Mas logo adiante Freud opera um novo deslizamento, associando, por um lado, o prazer, a atividade e a masculinidade e, por outro, o desprazer, a passividade e a feminilidade. Ao retomar os pares significantes em oposição cria-se uma outra questão, na medida em que os pares sucessivos não se recobrem exatamente. O par significante atividade-passividade gera dúvidas quanto ao par prazer-desprazer atribuído ao par obsessão-histeria. Em "Observações adicionais sobre as psiconeuroses de defesa", de 1896 (1896a/1996), Freud explicita que a neurose obsessiva se constrói sempre em torno de um substrato histérico, o que já havia dito em " A etiologia da histeria": "Todos os meus casos de obsessões revelaram um substrato de sintomas histéricos" (Freud, 1896b/1996: 214). Ou, no mesmo texto: "o caráter das cenas infantis – se foram experimentadas com prazer ou apenas passivamente – tem uma influência determinante na escolha da neurose posterior" (idem: 214).

Lacan retoma essas formulações nos quatro discursos, ao formular somente o discurso da histérica, porque há apenas uma estrutura neurótica: a histeria, da qual a obsessividade é apenas um dialeto. O fundo do conflito neurótico está ligado a uma experiência primária que ele designa como uma experiência de passividade sexual. O sujeito fica aprisionado em uma experiência real com relação à qual ele não dispunha de significantes que permitissem responder, ou seja, transformar esta cena passiva numa cena da qual ele teria participado ativamente. Sem o significante que lhe abre a possibilidade de ação, o sujeito permanece confrontado com uma lacuna. A partir daí a função culmina no recalque. O recalque teria por princípio fornecer o significante, o par de significantes (S_1-S_2) que permite contornar a experiência do real que Freud chama de uma "representação-limite". Por essa representação-limite, o significante cumpre sua função de corte, de delimitação de um bordo entre o real e o simbólico.

Freud ao longo dos anos abandona a noção do real, ou seja, do não-reconhecível, do mutismo e da morte pela noção da castração. A teoria da castração passa a recobrir completamente a primeira formalização. Em "Análise terminável e interminável", de 1937, Freud comenta que já mencionou em "Bate-se em uma criança" que Fliess inclinava-se a encarar a antítese entre os sexos como a verdadeira causa e a força motivadora primeva do recalque. "Estou apenas repetindo o que disse então ao discordar de sua opinião, quando declino de sexualizar o recalque dessa maneira – isto é, explicá-lo em fundamentos biológicos, em vez de puramente psicológicos" (Freud, 1937/1996: 269). Freud nesse momento se contrapõe a Fliess para recair no mesmo campo de referência, ao invés de retomar o momento da ruptura que o fez constituir a teoria do recalque. Apóia-se na diferença sexual e no significado da castração para o homem e para a mulher. "Na mulher, a inveja do pênis – um esforço positivo por possuir um órgão genital masculino – e, no homem, a luta contra sua atitude passiva ou feminina para com outro homem. O que é comum nos dois temas foi distinguido pela nomenclatura psicanalítica, em data precoce, como sendo uma atitude para com o complexo de castração" (idem: 268).

Para Serge André, em *O que quer uma mulher* (1986/1998), na obra freudiana o real vai sendo gradualmente recoberto pelo simbólico, até desaparecer completamente. Já o movimento de elaboração lacaniana é o de fazer emergir progressivamente a instância do real pelo sistema simbólico. Freud parte do real para chegar à castração e faz desta uma tela para o real. Em Lacan, ao contrário, o deciframento parte da castração e atinge um ponto de real, e o sistema simbólico deixa de ser um recobrimento para atravessar os furos onde se manifesta a hiância do real. É fazendo um retorno aos textos mais antigos de Freud, em movimento *nachträglich*, que encontramos os vestígios de uma instância do real.

No artigo sobre "A etiologia da histeria", de 1896 (1896b/1996), Freud ajusta a noção do trauma que encerra as lembranças recalcadas da histérica. Trata-se, diz ele, de uma experiência de repulsa e de susto da qual oferece, por duas vezes, nesse texto, a mesma ilustração: o encontro de um cadáver. "Suponhamos", diz Freud, "que o sintoma em exame seja o vômito histérico; nesse caso, consideraremos que nos foi possível compreender sua causação (exceto por um certo resíduo) se a análise atribuir o sintoma a uma experiência que tenha justificavelmente produzido uma alta dose de repugnância – por exemplo, a visão de um cadáver em decomposição" (idem: 191). Assim como no sonho da injeção de Irma, a morte e a putrefação da carne representam uma queda ou uma destituição da imagem corporal que torna o corpo impróprio para ser reconhecido como corpo humano. O cadáver assume valor traumático menos por estar privado de vida que por desnudar aquilo que fica sempre encoberto, a carne bruta, essa parte real pela qual o corpo não é mais que uma coisa no limite da imundície. No relato do caso clínico de Anna O. temos alguns indícios desta aproximação com uma coisa que torna o corpo impróprio para ser reconhecido como humano. O pai de Anna O. adoeceu e ela cuidou dele. Em uma noite ela teve alucinações com uma cobra. Tentou manter a cobra à distância, mas estava paralisada. O braço direito, que pendia sobre a cadeira, ficara dormente, insensível, e quando ela o contemplou seus dedos se transformaram em cobrinhas cujas cabeças eram caveiras.

É pela via do recalque que se opera a sexualização do corpo e sua separação do organismo. Determinando retroativamente o lugar do trauma, o furo pelo qual se presentifica um real dessexualizado, o processo de recalque coloca uma fronteira, um bordo entre o erótico e o orgânico. É o fracasso do recalque que deixa aberta uma hiância por onde se manifesta o trauma. Na medida em que nem tudo se torna lembrança ou representação, nem tudo é absorvido pelo significante, resta um real não simbolizado em torno do qual vem se construir um sintoma. O discurso da histérica atinge um umbigo, uma representação-limite, que indica um mais-além fora do significante.

Caso clínico. O sintoma é a falta de ação desde a morte da mãe, o choro copioso ao falar da morte da mãe, a fixação na imagem da mãe morta. Imagem a ser decifrada, metáfora a ser decifrada, escritura da imagem que funciona como hieróglifo, como enigma. No processo analítico, o instante do encontro com o corpo da mãe morta é repetido, e a cada vez a paciente agrega pelo menos um elemento a mais. O significante engodo se repete, no momento em que ela fala do contato com o corpo da mãe morta, momento de suspensão. O engodo é associado à náusea e à repulsa. Na dimensão da transferência em que a castração surge em diferentes momentos, a paciente os chama de "cuts", "cuts" (cortes em inglês). Um sonho desencadeia um modo de operação em que o sujeito castrado-não castrado apresenta uma formação inconsciente. Sua gata se encontra na casa de sua infância e defeca no corredor. Ela corre para limpar para a mãe não ver. Esta cena muda para uma cena na casa onde mora, em que no lugar onde a gata defeca há um vazamento. Aparece sua mãe muito zangada. A partir desse sonho a gata que havia sido castrada passa a defecar na sala. Ela não entende. A gata durante três dias não dorme com ela e se esconde debaixo da cama. Ela exulta ao contar que a gata usa bem a casa, que as fezes são fáceis de limpar, mas se pergunta se a gata está doente. Leva-a à loja de animais e descobre que ela deve fazer nova cirurgia, pois há restos de tecido que não foram retirados ou que surgiram depois da operação de castração. Em uma sessão, atravessa três cenas, sendo a última a cena da mãe morta. A primeira cena é da mãe da sócia que trabalha com elas há vinte anos. Elas têm muitas dívidas. Ela tem raiva dessa mãe que não envelhece, que agrada os clientes e nos bastidores reclama de tudo, fala de sua hipocrisia e de que ela não deixa a filha ter vida própria por estar presente em todos os momentos. Em outra cena fala da gata que é rebelde, que faz xixi no ralo da área e ela tem que limpar e desinfetar. Fala da comida que é feita pela diarista e que ela não consegue comer, pois não é como a comida bem feita da casa da mãe. Há cheiro de gordura na casa. E ela lava todas as panelas para tirar o cheiro. Deixa as panelas em água sanitária. Do cheiro de gordura, pergunto qual o cheiro do corpo da mãe quando morta. Ela diz que o corpo morto cheirava a éter, tudo cheirava a éter, assim como o éter do lança-perfume que a deixava embriagada, quando tudo saía de foco. Continua falando do engodo que o corpo da mãe morta lhe causava. Engodo era um significante muito usado pelo pai. Ao final da sessão fala de uma estranheza em relação ao irmão, que tem o mesmo nome do pai. Dá-se conta de que o irmão não é mais o mesmo companheiro das brincadeiras de infância. Quando ela era criança e ele viajava, ele trazia presentes para ela e para a mãe; depois que conheceu sua atual mulher, passou a trazer presentes também para ela. Hoje não traz mais presentes para a irmã, só para a mulher e seus filhos.

Diante da repulsa no encontro com o cadáver, a paciente opera na transferência com o significante engodo da função paterna, que a autoriza a deixar de repetir em sua alienação, que tudo desfoca, e se separar da cena familiar da infância, deixando de apelar para um cadáver que a engana na promessa de tornar a viver. Para que ela viva é preciso que a mãe morra e é a função paterna que o denuncia. A partir da antítese castração-não castração a paciente rompe com a cena à qual ela aderia libidinalmente, na vivência insuportável do real não sexualizado.

> "Meu coração é uma ânfora que cai e que se parte
> O teu silêncio recolhe-o e guarda-o, partido, a um canto
> Minha idéia de ti é um cadáver que o mar traz à praia, e entanto
> Tu és a tela irreal em que erro em cor a minha arte"
> ("Hora absurda"– poesia de Fernando Pessoa, *Obra poética/cancioneiro*: 43).

Referências bibliográficas

André, S. (1986). *O que quer uma mulher?*. Rio de Janeiro: Jorge Zahar, 1998.

Freud, S. (1950 [1888-1893]). Extratos dos documentos dirigidos a Fliess, Rascunho K. As neuroses de defesa, Carta 52. *Edição standard brasileira das obras psicológicas completas de Sigmund Freud*, vol. I (1886-1899). Rio de Janeiro: Imago, 1996.

———. (1893). Casos clínicos. *Edição standard brasileira das obras psicológicas completas de Sigmund Freud*, vol. II (1893-1895). Rio de Janeiro: Imago, 1996.

———. (1894). As neuropsicoses de defesa. *Edição standard brasileira das obras psicológicas completas de Sigmund Freud*, vol. III (1893-1899). Rio de Janeiro: Imago, 1996.

———. (1896a). Observações adicionais sobre as neuropsicoses de defesa. *Edição standard brasileira das obras psicológicas completas de Sigmund Freud*, vol. III (1893-1899). Rio de Janeiro: Imago, 1996.

———. (1896b). A etiologia da histeria. *Edição standard brasileira das obras psicológicas completas de Sigmund Freud*, vol. III (1893-1899). Rio de Janeiro: Imago, 1996.

———. (1914). A história do movimento psicanalítico. *Edição standard brasileira das obras psicológicas completas de Sigmund Freud*, vol. XIV (1914-1916). Rio de Janeiro: Imago, 1996.

———. (1937). Análise terminável e interminável. *Edição standard brasileira das obras psicológicas completas de Sigmund Freud*, vol. XXIII (1937-1939). Rio de Janeiro: Imago, 1996.

Ginzburg, C. (1986). *Mitos, emblemas, sinais.* 2ª edição. São Paulo: Companhia das Letras, 2003.

Masson, J. (1887-1904). *A correspondência completa de Sigmund Freud para Wilhelm Fliess.* Editado por Jeffrey Moussaieff Masson. Rio de Janeiro: Imago, 1986.

Pessoa, F. (1960). *Obra poética.* Rio de Janeiro: Nova Aguilar, 1983.

Vital Brazil, H. (2004). *Sintoma, significação e cura. Psicanálise cem anos depois e outros ensaios* (1978-2004). Rio de Janeiro: Booklink.

A Virgília de Machado de Assis, ou a "saída freudiana" para o mal-estar no amor[1]

*Luiz Alberto Pinheiro de Freitas**

> "Os escritores estão submetidos à necessidade de criar prazer intelectual e estético, bem como certos efeitos emocionais. Por essa razão, eles não podem reproduzir a essência da realidade tal como é, senão que devem isolar partes da mesma, suprimir associações perturbadoras, reduzir o todo e completar o que falta. Esses são os privilégios do que se convencionou chamar "licença poética". Além disso, eles podem demonstrar apenas ligeiro interesse pela origem e pelo desenvolvimento dos estados psíquicos que descrevem em sua forma completa. Torna-se, pois, inevitável que a ciência deva, também, se preocupar com as mesmas matérias, cujo tratamento pelos artistas há milhares de anos vem deleitando tanto a humanidade, muito embora seu trato seja mais tosco e proporcione menos prazer. Essas observações, esperamos, servirão para nos justificar, de modo amplo, o tratamento estritamente científico que damos ao campo do amor humano. A ciência é, afinal, a renúncia mais completa ao princípio de prazer de que é capaz nossa atividade mental".
> (Freud, 1910a/1980: 149)

1 – Introdução

A arte, a ciência e a religião são formas pelas quais o homem, mesmo limitado pelo desconhecimento de si, consegue alguma realização simbólica, não negando, mas sim presentificando o inconsciente alteritário no seu atributo de incognoscibilidade. É pelo conceito de sublimação que Freud pretende dar alguma explicação para o fenômeno da criatividade. Ele apresenta a sublimação como um acontecimento psíquico, uma realização sim-

* Membro Psicanalista da Sociedade de Psicanálise Iracy Doyle; Mestre e Doutor em Psicologia Clínica – PUC-Rio; Pós-doutorado em Ciência da Literatura – UFRJ.

bólica que se associa à criatividade humana, produzindo uma superação do automatismo instintivo.

Qualquer criação com uma estrutura de sublimação "constitui uma vicissitude que foi imposta aos instintos (pulsões) de forma total pela civilização" (Freud, 1929-30/1980: 118), ou, na frase modificada por Vital Brazil, a sublimação nada mais é do que "um destino pulsional imposto pela cultura" (1992: 84). Realiza-se, em uma outra cena, os desejos insatisfeitos, se gratifica de forma substitutiva – prazeres compensatórios que surgem através da sua criatividade. A sublimação não só surge como uma imposição cultural como produz efeitos que se inscrevem na própria cultura. É na criação cultural que se redescobre o prazer resultante dessa atividade do pensamento cujas origens muitas vezes são inacessíveis. "Mas é sem dúvida com a arte que encontramos o grau mais elevado de sucesso dos efeitos sublimatórios, pois o artista sabe dar uma forma particular às suas fantasias e conferir-lhes um valor universal que torna possível aliviar os outros homens da carga de suas fantasias" (Lima Freitas, 1999: 12).

Freud sempre deu relevo à articulação entre psicanálise e literatura, considerando inclusive os três grandes gêneros – teatro, romance e poesia – como outros dialetos do pensamento inconsciente. Através da arte, o ser humano dá a perceber seus mais recônditos desejos de grandeza e onipotência. Através dessa expressão indireta – a literatura –, pode satisfazer seus desejos soterrados, recalcados, evidenciando a dificuldade em renunciar a eles: "ele pode dar-se ao luxo de ser um 'grande homem', dar vazão, sem escrúpulos, a impulsos suprimidos como um desejo intenso de liberdade" (Freud, 1942/1980: 322). Em "A interpretação de sonhos" (1900/1980), Freud havia dito que um escritor verdadeiramente criativo produzia textos em virtude de mais de um único motivo e impulso, textos abertos a mais de uma interpretação. Uma criação literária é uma tentativa do autor de negação e superação de sua incompletude, do sofrimento e da frustração, uma superação criativa da transitoriedade e da finitude.

O que faz com que uma obra, principalmente a teatral e a literária, ocupe espaço destacado na cultura é a sua capacidade de permitir, de forma eficaz, uma identificação do leitor com o personagem, normalmente o herói ou heroína da trama. A identificação é, como disse Freud, uma das formas que o homem encontra para representar um laço afetivo com outra pessoa e uma das formas que o ego utiliza para atender ao desejo pulsional.

Transforma-se assim no objeto do desejo, de modo que o próprio indivíduo possa representar tanto o desejante quanto o desejado. A paixão imediata de Goethe, ao ler Shakespeare, exemplifica o quanto um texto pode produzir na alma do leitor:

> A primeira página dele que li foi uma identificação por toda vida, e quando tinha terminado a primeira peça fiquei como um cego de nascença a quem um gesto milagroso dá, num instante, a visão. Reconheci, senti vivamente a minha existência expandindo-se numa infinidade, tudo era novo, desconhecido, e a falta de costume com a luz me fazia doer os olhos. Lentamente fui aprendendo a ver e, graças ao meu gênio de reconhecimento, sinto sempre mais vivamente aquilo que ganhei (Goethe, s.d./1997: 27-8).

A arte, através da encenação de peças, é uma forma que a cultura oferece ao espectador de experimentar certas emoções, através da identificação com o herói, em que, pela participação na glória e no sofrimento deste, pode se libertar do anonimato existencial, bem como viver intensamente seus desejos mais inconfessáveis. Na criação do seu herói, o autor identificado a ele goza do prazer quase divino de dar rumo, tanto de forma consciente como inconsciente, ao percurso que constrói para o personagem. E é também através da possibilidade de identificação com o personagem que o leitor irá, prazerosamente, por vezes pelo sofrimento, libertar-se do mundo que o cerca e deixar fluir a imaginação, vivendo, de forma intensa e protegida, as mesmas paixões e agruras do herói. Maior literato será aquele que mais conseguir tocar a sensibilidade do leitor, fazendo-o oscilar entre a ilusão do erótico e do hostil, levando-o pelo prazer das palavras ao prazer / desprazer do absurdo e à ilusão da libertação. "No exercício de uma arte vê-se mais uma vez uma atividade destinada a apaziguar desejos não gratificados – em primeiro lugar, do próprio artista e, subseqüentemente, de sua assistência ou espectadores" (Freud, 1913/1980: 222).

São os personagens de um drama psicológico, não o autor, como afirma Freud (1942/1980), os que mais possibilitam ao leitor, ou espectador, a identificação com o herói. Esta identificação tanto maior será quanto mais ambígua for a situação, ou seja, quanto maior for o conflito. É nesta ambigüidade que o autor pode dar maior relevo à obra, através da retórica e da argumentação, provocando não só um efeito catártico como uma acentuação do reprimido.

Todas as estruturas de sublimação (arte, ciência e religião) nos confrontam com a questão da linguagem, que foi percebida por Bakhtin quando afirma: "A língua, a palavra são quase tudo na vida do homem" (1959-61/1992: 346). Nesta acepção, a linguagem não é redutível a um mero instrumento de comunicação, mas valoriza toda a produção cultural, que se dá no simbólico, possibilitando assim a interpretação que busca um sentido entre enunciado e enunciação. Aí se abre um espaço para a interseção entre literatura e psicanálise, até porque, continuando com o pensamento de Bakhtin: "Todas as esferas da atividade humana, por mais variadas que sejam, estão sempre relacionadas com a utilização da língua" (1952-53/1992: 279). É a valorização de uma linguagem que se pretende libertadora, transformadora, aberta a múltiplas interpretações e que vai muito além do discurso linear da consciência. Como diz Vital Brazil (1992), essa palavra subversiva mostra a linguagem como central na obra freudiana e associa a psicanálise ao pensamento crítico e ao sujeito da dúvida, um sujeito dividido entre *eu penso e eu duvido*, não se recusando (a psicanálise) à ambigüidade, à dúvida e à contradição.

É a verdade da incompletude do ser que a psicanálise descobre na literatura, impossibilitando uma relação de adequação entre as palavras e as coisas, mostrando a impossibilidade de uma perfeita correspondência entre a linguagem e a realidade da qual fala. É esse outro saber que o autor criativo pode apresentar, saber que aparece através das fantasias, da poesia e dos romances e que pode ser interpretado como uma verdade sempre parcial, associada ao desejo em permanente deslocamento metonímico através de objetos substitutivos.

Podemos admitir que todo conhecimento científico se dá no campo da linguagem, de um sistema lingüístico referido a um universo simbólico, e que a principal propriedade da linguagem é a de constituir um sujeito. A psicanálise, enquanto uma prática teorizada, vem falar dessa linguagem do desejo inconsciente, que através do discurso do sujeito nos mostra uma verdade sempre relativizada em um campo intersubjetivo – que é também um campo de valores. Este contexto intersubjetivo, como diz Vital Brazil (1989), é um intertexto, pois permite o aparecimento de uma possibilidade interpretativa em um momento singular e criativo entre analista e analisando – entre curso associativo e atenção flutuante. É pela atividade interpretativa e pela questão da intersubjetividade que se pode fazer essa aproximação entre literatura e psicanálise, pois a crítica literária também se utiliza da interpretação como prática da dúvida confrontada com a univocidade do sentido.

Podemos afirmar que Machado de Assis conseguiu, no cenário brasileiro, despertar paixões e produzir críticas. Ele pôde mobilizar toda uma gama de pessoas em torno de seus escritos, justamente por ter conseguido *de forma atenuada* apresentar temas delicados para as mentes de seus leitores.

> É a identificação que, como dizia Freud, levava o homem a ficar encantado frente às obras da literatura mundial. Sófocles, Shakespeare e Dostoiévski levam seus leitores a se identificarem com seus heróis. O leitor se reconhece nas paixões do herói e é através do jogo de identificações que ele se compraz e se alivia das suas angústias (Freitas, 1997: 175).

Essa possibilidade de produzir efeitos identificatórios será maior ou menor, dependendo do estilo e da capacidade descritiva dada pelo autor aos personagens e situações. Um grande escritor é aquele que tem, não se sabe o porquê, a qualidade de apresentar, de forma bela e sutil, questões que tocam mais de perto a sensibilidade do leitor. O texto não pode apresentar associações claramente perturbadoras, porque vai produzir um efeito contrário, que é o afastamento da leitura. Ele tem que ser apresentado de uma forma que produza prazer intelectual e estético. Os personagens que passam à condição de *permanentes* (Vital Brazil, 1992) são aqueles que mais tocam a sensibilidade do leitor, que mais produzem efeitos identificatórios. A atividade do personagem, como no sonho, é pequena se comparada com a riqueza dos pensamentos que suas ações propiciam. Um texto tem páginas, é condensado, limitado, incompleto, fragmentado. A análise de um texto, da mesma forma que a análise de um sonho, se fosse transcrito, possivelmente ocuparia um número muito maior, indefinido mesmo, de páginas. O texto é sempre finito, enquanto texto escrito, no entanto as possibilidades associativas e interpretativas estão permanentemente abertas. Sempre se pode agregar mais um sentido, sempre há um a mais a se associar, aumentando assim, indefinidamente, o número de interpretações possíveis. As narrativas ficcionais de Machado, principalmente as da segunda fase, se oferecem a este tipo de exercício na medida em que são, freqüentemente, textos inconclusos.

2 – Virgília, o exemplo freudiano

Machado de Assis disse, por carta, a Mario de Alencar que escreveu *Memórias póstumas de Brás Cubas* "com a pena da galhofa e a tinta da melancolia" (Machado de Assis, 1881/1959: 413), bem como porque se desiludira dos homens. O livro começa pela morte do autor – ele mesmo se cognomina um *autor defunto* – e o entrecho gira em torno do triângulo amoroso: Brás, Virgília e Lobo Neves. O tema da traição está presente desde o início do romance quando o leitor é apresentado à heroína: "Tinha 54 anos, era uma ruína, uma imponente ruína [...] nos amamos, ela e eu, muitos anos antes" (Machado de Assis, 1881/1959: 419).

A moral do século XIX julgava o adultério feminino como algo muito mais grave do que o cometido pelos homens. A lei era draconiana para com as mulheres, que poderiam, em alguns casos, ser mortas por seus maridos. O imaginário da época acalentava a possibilidade da fuga; amor proibido e fuga vinham juntos em oposição ao tema da honra e do sangue. A honra manchada deveria, obviamente, ser *lavada* em sangue, como uma satisfação à sociedade chauvinista, bem como um exemplo àquelas que pretendiam não observar os ditames da cultura. Não havia muita escolha para a dita mulher desonrada: fugir ou morrer, dilema ao qual ficavam restritos os amantes.

> [...] perguntei-lhe se tinha coragem.
> – De quê?
> – De fugir. Iremos para onde nos for mais cômodo, uma casa grande ou pequena, à tua vontade, na roça ou na cidade, ou na Europa, onde te parecer, onde ninguém nos aborreça, e não haja perigos para ti, onde vivamos um para o outro... Sim? fujamos. Tarde ou cedo, ele pode descobrir alguma cousa e estarás perdida... ouves? perdida... morta... e ele também, porque eu o matarei, juro-te... [...].
> – Não escaparíamos talvez; ele iria ter comigo e matava-me do mesmo modo (Machado de Assis, 1881/1959: 480).

Pode-se ver, no famoso livro V das *Ordenações filipinas*, que o marido tinha o direito de matar sua mulher caso a encontrasse com outro: "Achando o homem casado sua mulher em adultério, licitamente poderá matar assim ela como o adúltero, salvo se o marido for peão e o adúltero fidalgo ou nosso desembargador, ou pessoa de maior qualidade" (Lara, 1999: 151).

Trabalhar sobre o tema do adultério nem sempre era uma tarefa muito fácil, visto que, ainda dominados pela moral preconizada pelas *Ordenações*, o homem novecentista não via com bons olhos tal assunto ser colocado ao alcance de senhoras distintas ou de núbeis ingênuas. Caso semelhante ao de Flaubert que, em 1856, iniciou a publicação, em capítulos, de *Madame Bovary* na *Revue de Paris*, Machado de Assis, publicava, em 1880, na *Revista Brasileira*, as *Memórias póstumas de Brás Cubas*, também em capítulos. Ambos trataram da traição feminina, contudo o escritor brasileiro imprimiu no texto um *tom* de humor e cinismo às relações humanas que caracterizavam a alta burguesia carioca. Caracterizou, através dos personagens, as mais corriqueiras situações do ser humano, apresentou-o através de seus mais comezinhos desejos, das situações mais inesperadas e mesquinhas. Surgiu, como disse Lúcia Miguel Pereira, "uma piedade irônica e indulgente", e *Brás Cubas* foi "o primeiro dos tipos mórbidos em que Machado extravasou as próprias esquisitices de nevropata" (1937/1988: 194-195).

A moral burguesa do século XIX apresentava o adultério feminino como algo abominável. Daí, ao colocar a bela Virgília numa posição de trair o marido, depreende-se que Machado pretendia abordar um campo delicado para as hostes masculinas. Virgília não só é descrita como adúltera, como terá seu egoísmo e ambição como defeitos do seu caráter destacados. Sua posição social, suas aspirações a um título de nobreza governam a cena.

> Virgília perguntou ao Lobo Neves, a sorrir, quando ele seria ministro.
> – Pela minha vontade, já; pela dos outros, daqui a um ano.
> Virgília replicou:
> – Promete que me fará baronesa?
> – Marquesa, porque eu serei marquês (Machado de Assis, 1881/1959: 462).

Uma cena onde a hipocrisia e o cinismo estão sempre presentes em uma mulher que, apesar de conseguir amar, não descurava das vantagens que a vida conjugal lhe proporcionava; respeitabilidade, posição social, dinheiro etc. Não foi à-toa que Machado muitas vezes disse, através de seus personagens, que nem sempre verdade e vantagem caminham juntas. Além de mantê-la, aos olhos da moral social, denegrida, ele ainda a colocou como uma mulher com certa aversão à maternidade, pois esta poderia comprometer-lhe o corpo e a vida social. "Era medo do parto e vexame da gravidez.

Quanto ao vexame, complicava-se ainda da forçada privação de certos hábitos da vida elegante" (Machado de Assis, 1881/1959: 507). A situação é levada a extremos por Machado, ao compor no seu entrecho um quadro de uma vida paralela onde o casal Brás e Virgília chega a ter *casa montada*, inclusive com uma criada. Se hoje a situação de uma mulher *bem casada* ter casa com outro homem já seria calamitosa e inaceitável, imaginemos para a época.

O tema do adultério é logo insinuado no capítulo VI, onde Machado deixa entrever que o encontro tem algo de estranho, de proibido – "podíamos falar um ao outro, sem perigo" (Machado de Assis, 1881/1959: 420). Como o romance começa pela morte do autor defunto, este capítulo inicial refere-se à visita que faz Virgília a Brás Cubas em seus últimos dias. Machado, nesta cena, também enfatiza a questão das conveniências sociais, a qual permeará toda a sua obra – "Estou velha! Ninguém mais repara em mim. Mas, para cortar dúvidas, virei com o Nhonhô" (ibidem). Nhonhô era o filho da nossa dama com Lobo Neves, o qual, como disse Brás Cubas, durante muito tempo "fora cúmplice inconsciente de nossos amores" (ibidem). Um filho em qualquer cena empresta-lhe uma lisura de intenções, na medida em que o apelo à função materna sempre traz a suposição da maternidade como paradigma da fidelidade. O pai pode ser sempre traído, mas nunca em presença do filho. Contudo, a ironia machadiana avilta o próprio sentido da mulher-mãe, fazendo imperar a mulher-desejante, a da vida maculada por ser senhora do seu corpo e das suas fantasias e que pode trair, inclusive, em presença do filho – e até enganá-lo de forma dissimulada. A hipocrisia, até a das mães, era apresentada de forma impiedosa:

> Virgília estava serena e risonha, tinha o aspecto das vidas imaculadas. Nenhum olhar suspeito, nenhum gesto que pudesse denunciar nada; uma igualdade de palavra e de espírito, uma dominação sobre si mesma, que pareciam e talvez fossem raras. Como tocássemos, casualmente, nuns amores ilegítimos, meio secretos, meio divulgados, vi-a falar com desdém, e um pouco de indignação, da mulher de que se tratava, aliás sua amiga. O filho sentia-se satisfeito, ouvindo aquela palavra digna e forte, e eu perguntava a mim mesmo o que diriam de nós os gaviões, se Buffon tivesse nascido gavião... (Machado de Assis, 1881/1959: 420).

Sabemos que na biblioteca de Machado não foi encontrado nenhum texto de Freud. Contudo, principalmente em *Brás Cubas*, a solução para o casamento *de* interesses é a mesma que apresentou Freud, em 1908 (1980), para a cura das doenças nervosas decorrentes do casamento – a infidelidade conjugal. Virgília, a heroína infiel, é descrita aos dezesseis anos como talvez a mais atrevida criatura da nossa espécie e, com certeza, a mais voluntariosa, pois, apesar de toda a educação repressiva que impedia que as mulheres se ocupassem de temas sexuais, ela não seguia essas recomendações, ou as cumpria dentro do possível. A curiosidade sexual, na época, era algo pouco feminino e um claro indício de um comportamento pecaminoso; tinha que ser afastada do campo do pensamento da mulher. Quando muito, poderia vir atrelada à noção de um sexo de características simplesmente reprodutoras – aspiração à maternidade, não ao sexo prazeroso. Este tipo de ignorância a que eram condenadas as mulheres estendia-se além do campo sexual. "Assim a educação as afasta de qualquer forma de pensar, e o conhecimento perde para elas o valor" (Freud, 1908/1980: 203). Não é à-toa que Machado, apesar de preparar o terreno para as ações futuras de Virgília, ao dizê-la "atrevida e voluntariosa", também nos diz: "faceira, ignorante, pueril" (idem: 450). Dentro deste contexto de desvalorização do personagem feminino, a mãe de Brás Cubas seguia a norma: "uma senhora fraca, de pouco cérebro e muito coração", aliados ao principal ingrediente: "o marido era na terra o seu Deus" (idem: 428). Uma tal mãe não dignificaria muito a figura feminina, daí Brás nunca ter podido escolher uma mulher para, efetivamente, se casar.

Conforme afirmou Freud em "Um tipo especial de escolha de objeto feita pelos homens" (1910b/1980), existem certas condições necessárias ao amor cuja combinação é pouco compreensível e, por vezes, só pode ser entendida à luz da psicanálise. Uma das precondições de que falava Freud era a de que um certo tipo de escolha amorosa feita pelos homens estava intimamente vinculada à possibilidade de "existir uma terceira pessoa prejudicada" (idem: 150). Este tipo de escolha implica que uma mulher solteira, sem compromisso, não produz o mesmo tipo de desejo que uma que esteja compromissada, noiva ou casada. Seu interesse prende-se à existência de um terceiro, que "possa reivindicar direitos de posse" (ibidem). Em alguns casos mais evidentes, uma mulher pode não despertar nenhuma atenção enquanto estiver livre e desimpedida, contudo "torna-se objeto de sentimentos apaixonados tão logo estabeleça um desses relacionamentos com outro homem" (ibidem). É um tipo de sintoma que traz o gozo da vitória narcísica sobre o pai, a ilusória vitória que faz o amante sentir-se, de forma inconsciente, não mais um terceiro excluído – o excluído é outro. Obviamente que qualquer escolha amorosa está marcada pelo objeto original desejado e interditado, todavia a satisfação não pode jamais ser alcançada, daí a seqüência de objetos substitutivos que determinadas pessoas colocam em suas vidas. Estão sempre na ilusão de que vão, em determinado momento, encontrar o parceiro ideal, esquecendo-se de que ideal só o objeto impossível. Esse deslizamento metonímico do desejo é levado ao extremo nesses casos, já que a própria condição de manter uma série infindável de parceiros implica não se ser fiel a nenhum; no entanto mantém-se a fidelidade ao primeiro, que está fora da série.

Machado, com seu texto, dessacralizava a instituição do casamento, colocava-o como um jogo de interesses, onde antes havia um sonho de Cinderela à espera do príncipe, comum a um tipo de literatura para moças cujo fim era previsível, açucarado e um pouco distante da realidade. "Ele apertou-a nos braços, apaixonadamente, murmurando num beijo: – Sempre vieste a mim, menina, querida e cruel! Conseguiste, finalmente perdoar!" (Delly, 1938: 261). Em princípio, Marcela e Virgília jamais poderiam ser colocadas como heroínas de tal literatura, o pudor da época não permitiria. Contudo, a literatura, através de Machado, Flaubert, Balzac, Eça e outros, traz, juntamente com Freud, para o centro das discussões a questão da sexualidade feminina. Surge uma mulher que quer poder escolher a forma de gozar, apesar de, algumas vezes, ao não poder dizer do seu desejo, fazer convergir para o corpo o protesto da sua sexualidade insatisfeita: foi o tempo das histerias. Todavia, é bom lembrar que muitas mulheres que utilizaram o adultério nada mais conseguiram do que manter-se sob o domínio de outro homem – submetidas a dois senhores, aviltadas psíquica e socialmente.

> Em uma esfera mais reflexiva, a mesma literatura que apontava o amor como a maior realização da vida feminina dava conta da pobreza e da frustração que advinha de se jogar todas as fichas no casamento e revelava o desejo ainda disforme de muitas mulheres de se tornarem sujeitos de suas próprias vidas, "autoras" de suas aventuras pessoais, em consonância com

> os ideais de autonomia e liberdade individual que a modernidade há muito tempo vinha oferecendo aos homens (Kehl, 1998: 118).

A literatura machadiana contribuía para a antecipação do novo mundo feminino. Esse tipo de leitura levava a mulher a antecipar sua vida, identificando-se com as heroínas e anti-heroínas.

Virgília era o tipo de mulher que permitia uma fácil identificação das leitoras, já que, como a maioria das mulheres de sua época, vivia reclusa, tinha pouco estudo e sua principal meta era um casamento com o que se chamava *um bom partido*; se houvesse amor, melhor, mas não era o principal. A questão do amor era secundária, como o foi durante muito tempo. Era um luxo que muitas mulheres não tinham. A solução encontrada por Machado foi diferente. Não encontramos crises histéricas ou paralisias, Machado fez Virgília apaixonar-se por Brás, criando assim uma possibilidade de cisão – amor / casamento –, ou seja, pelo fato de essas coisas não andarem juntas, não quer dizer que não se possa tê-las. É verdade que os riscos impõem certos sobressaltos; contudo, entre ter um amante e um sintoma histérico, o autor preferiu o caminho do amante. É melhor gozar na cama do que no sintoma. O outro lugar de gozo seria receber do imperador, através do marido, o título de marquesa. É um outro tipo de gozo, um gozo narcísico em que, ao procurar a admiração e a inveja do outro, através dessa insígnia fálica, leva-se ao êxtase alguém que valoriza enormemente o juízo do outro, inflacionando de forma vã e chã o seu narcisismo secundário.

Conforme afirmava Freud em "Moral sexual 'civilizada' e doença nervosa moderna" (1908/1980), a chamada moral sexual dupla, em referência a uma diferença de moralidade entre homens e mulheres, era a prova mais evidente da impossibilidade de o grupo social obedecer aos preceitos que estabelecia. Ou seja, a infidelidade feminina, apesar de moralmente inadequada, era uma *solução*, que seria mais facilmente utilizável dependendo do tipo de educação que tivesse recebido uma jovem:

> a cura das doenças nervosas decorrentes do casamento estaria na infidelidade conjugal; porém, quanto mais severa houver sido a educação da jovem e mais seriamente ela se submeter às exigências da civilização, mais receará recorrer a essa saída; no conflito entre seus desejos e seu sentimento de dever, mais uma vez se refugiará na neurose. Nada protegerá sua virtude tão

> eficazmente quanto uma doença. Dessa forma, o matrimônio, que é oferecido ao instinto (pulsão) sexual do jovem civilizado como uma consolação, mostra-se inadequado mesmo durante o seu decurso, não havendo sequer possibilidades de que possa compensar as privações anteriores (Freud, 1908/1980: 200).

Segundo Freud, o ser humano está sempre em busca de "poder, sucesso e riqueza" (1930/1980: 81), bem como admira e inveja os que possuem aquilo a que aspira. Ele é governado por paixões, com um ego que mantém relações conflituosas com o id e o superego. Um ego a princípio de prazer e posteriormente tendo que se render às imposições do princípio de realidade, provocando infindáveis frustrações e sofrimentos. Surge para o homem a necessidade de fazer o ego afastar-se de todo sofrimento e desprazer, bem como ter sensações de prazer de modo mais amplo – ser feliz. Contudo, a observação nos mostra que esses momentos de satisfação plena são fortuitos, são, "por sua natureza, possível apenas como uma manifestação episódica" (idem: 95). Os sofrimentos nos ameaçam a partir de três direções: do nosso próprio corpo, do mundo externo e das relações com os outros homens. Conforme lembrava Freud, este último, o das relações com os outros, era o mais penoso de todos. Sabemos que um dos maiores sofrimentos a que está condenado o homem é a perda daquele a quem ama: "ele se tornou dependente, de uma forma muito perigosa, de uma parte do mundo externo, isto é, de seu objeto amoroso escolhido, expondo-se a um sofrimento extremo, caso fosse rejeitado por esse objeto ou o perdesse através da infidelidade ou da morte" (idem: 122).

A civilização vai insistir na questão das restrições quanto ao amor e ao gozo sexual, na legitimidade e na monogamia. Para ela, os amores sexuais só podem encontrar sua realização numa relação de vínculo único, onde fica ressaltada a propagação da espécie em detrimento do puro prazer. Contudo, sabemos que a imposição de qualquer regra implica sua desobediência latente. Um casal apaixonado não necessita de um filho para torná-lo feliz, já dizia Freud em 1930. Entretanto, ao lado dessa disposição amorosa presidida por Eros, trabalha, *em silêncio* e envolvido com esse mesmo Eros, Tânatos. A disposição agressiva já estava assinalada há muito por Freud, que, em "Psicologia de grupo e a análise do ego" (1921/1980), afirmava que, na base da fraternidade, estava o ódio, a rivalidade narcísica, base dos quadros paranóides, como também em "O mal-estar na civilização" dizia que o outro era alguém com uma grande dose de agressividade, que poderia atacá-lo, escravizá-lo, abusar do seu corpo, humilhá-lo, torturá-lo e matá-lo – "Homo homini lupus!" (1930/1980: 133).

Brás Cubas é rejeitado por Virgília em favor de Lobo Neves, contudo sua ferida narcísica é suturada quando torna-se amante da mulher do rival. O que a princípio aparecera como despeito e mal-estar tornou-se satisfação e vitória. O preceito da luta e da competição inerentes à espécie humana se faz presente – "a hostilidade primária dos seres humanos" (Freud, 1930/1980: 134).

> O caso dos meus amores andava mais público do que eu podia supor [...] Virgília era um belo erro, e é tão fácil confessar um belo erro! Costumava ficar carrancudo, a princípio, quando ouvia alguma alusão aos nossos amores; mas, palavra de honra! Sentia cá dentro uma impressão suave e lisonjeira... (Machado de Assis, 1881/1959: 496).

Se a civilização impõe grande quantidade de sacrifícios, não só à agressividade das pessoas, mas também a sua sexualidade, como já dissemos, a lei existe para regular estes dois desejos. Temos que considerar a questão do juízo do outro, ou, em linguagem corrente, a opinião pública. Qualquer cultura estabelece normas pelas quais o homem deve se balizar para ter a aceitação dos demais e acesso à felicidade. Ter o respeito dos outros é uma meta desejável e à qual todos aspiram. Claro está que se tem que trocar um pouco de felicidade por segurança, e que a segurança implica certas privações. Para ter o reconhecimento, o amor dos pais, a criança teve que procurar se conformar e adequar aos parâmetros apresentados por eles – estabeleceu-se um ideal pelo qual deveria balizar-se para, na introjeção desses ideais, saber como se comportar na sociedade. A fruição narcísica decorrente dos delírios de onipotência infantis oriundos do sadismo desta fase tem que encontrar um limite no discurso das ameaças parentais, que possibilitará a construção de uma instância crítica – o superego –, portadora tanto das interdições como dos ideais. A civilização vai tentar dar uma organização a essas pulsões destrutivas: "a hostilidade de cada um contra todos e a de todos contra cada um se opõe a esse programa da civilização" (Freud, 1930/1980: 145).

No texto machadiano, o sentimento de culpa, inerente ao descumprimento das leis da cultura, parece inexistente tanto em Brás Cubas como em Virgília. "Às vezes sentia um dentezinho de remorso; parecia-me que abusava da fraqueza de uma mulher amante e culpada, sem nada sacrificar nem arriscar de mim próprio..." (Machado de Assis, 1881/1959: 493). Machado dá muito pouca relevância à questão da culpa – um reformador como ele talvez quisesse chocar, dando uma impressão às leitoras de contestação à ordem estabelecida, à moral vigente –, uma sensação de normalidade. A questão da opinião pública é o discurso do juízo do outro frente às exigências de uma idêntica conduta sexual para todos, a qual pode ser cumprida por uns, sem muitas dificuldades, por outros, com mais dificuldades, e não cumprida por muitos. Brás e Virgília situam-se na classe de "pessoas que habitualmente se permitem fazer qualquer coisa má que lhes prometa prazer, enquanto se sentem seguras de que a autoridade nada saberá a respeito, ou não poderá culpá-las por isso; só têm medo de serem descobertas" (Freud, 1930/1980: 148).

Brás e Virgília têm medo de que Lobo Neves saiba do caso amoroso; contudo, ao saber do romance, o marido não quer acreditar a princípio; todavia, mesmo sabendo, através de uma carta anônima, não consegue agir, com medo da crítica social:

> a suspeita era pública. Esse homem, aliás intrépido, era agora a mais frágil das criaturas. Talvez a imaginação lhe mostrou, ao longe, o famoso olho da opinião. A fitá-lo sarcasticamente, com ar de pulha; talvez a boca invisível lhe repetiu ao ouvido as chufas que ele escutara ou dissera outrora. Instou com a mulher que lhe confessasse tudo, porque tudo lhe perdoaria (Machado de Assis, 1881/1959: 508).

Machado apresenta Lobo Neves como um homem que, em virtude do medo de ser publicamente ridicularizado, não consegue reagir à traição da mulher, aceita o que o destino lhe impôs. Isto fez com que as preocupações de Brás fossem aos poucos diminuindo. Como assinalava Freud, enquanto tudo corre bem com um homem, a sua consciência é lenitiva e permite que o ego faça todo o tipo de coisas. Entretanto, quando o infortúnio lhe sobrevém, ele busca sua alma, reconhece sua pecaminosidade, eleva as exigências de sua consciência, impõe-se abstinência e se castiga com penitências. Curva-se ante o superego, o destino e o agente parental. Entretanto, ao que parece, o superego, que fustiga o ego pecador e fica à espreita para poder castigá-lo de uma forma exemplar tão logo seja possível, não se manifestou muito claramente, produziu apenas uma certa ansiedade nos amantes. Para Brás, o fim do romance com Virgília apenas lhe provoca uma sensação de perda: "a partida de Virgília deu-me uma amostra da viuvez" (Machado de Assis, 1881/1959: 520). No entanto, ao que parece, não foi um luto penosamente elaborado.

Há um comentário que não pode deixar de ser feito, pois denota, de forma clara, o quanto Machado conseguia, através de uma forma extremamente concisa, mostrar as diferenças nesse tipo de romance.

> E com tanto maior prazer o confesso quanto que as mulheres é que têm fama de indiscretas, e não quero acabar o livro sem retificar essa noção do espírito humano. Em pontos de aventura amorosa, achei homens que sorriam, ou negavam a custo, de um modo frio, monossilábico, etc, ao passo que as parceiras não davam por si, e jurariam aos Santos Evangelhos que era tudo uma calúnia. A razão desta diferença é que a mulher (salva a hipótese do capítulo CI e outras) entrega-se por amor, ou seja o amor-paixão de Stendhal, ou o puramente físico de algumas damas romanas, por exemplo, ou polinésias, lapônias, cafres, e pode ser que outras raças civilizadas; mas o homem – falo do homem de uma sociedade culta e elegante –, o homem conjuga sua vaidade ao outro sentimento. Além disso (e refiro-me sempre aos casos defesos), a mulher, quando ama outro homem, parece-lhe que mente a um dever, e portanto tem de dissimular com arte maior, tem de refinar a aleivosia; ao passo que o homem, sentindo-se causa da infração e vencedor de outro homem, fica legitimamente orgulhoso, e logo passa a outro sentimento menos ríspido e menos secreto – essa boa fatuidade – que a transpiração luminosa do mérito (Machado de Assis, 1881/1959: 531-2).

Machado, por já estar com uma acentuada percepção do funcionamento do psiquismo humano, não valorizou a questão da culpa, pelo contrário, tentou fazer um juízo compreensivo do triângulo amoroso. Ele mostra, na passagem citada acima, a diferença entre homens e mulheres na questão do amor adulterino. O homem junta ao amor a necessidade de ser admirado por suas conquistas. A mulher torna-se um troféu que, por vezes declaradamente, e por outras mais timidamente, ele gosta de, vaidosamente, exibir. As suas conquistas são para serem apreciadas, o que lhe aumenta a importância como macho ao produzir não só a admiração, como a inveja dos outros homens. Conforme assinala Machado, os homens nem sempre primam pela discrição. A mulher, quando ama um homem que não é o seu, não pode declarar de público e sofre mais por isso. Sofre não só pela depreciação social a que fica sujeita, bem como porque seu superego a açoita por transgredir as normas societárias. Fica estabelecida uma *guerra* entre a repressão e o desejo. Uma *guerra*, visto que o adultério é uma ação que obedece a dois desejos: o de amar e o de contestar; pois, em termos freudianos, teríamos uma fusão da pulsão erótica com a pulsão tanática. *Sou livre para amar quem quero, mesmo contra as ordens daqueles que fazem as leis* – pais e maridos; no entanto, essa liberdade no amor vai, através da repressão, produzir sansões, sejam internas, do seu mundo psíquico, sejam da sociedade. Machado não se ateve às questões morais; pelo contrário, critica-as por todo o texto. Ele se torna importante, neste final, pela agudeza da percepção dos aspectos da subjetividade do ser. Faz sobre o homem um juízo compreensivo em detrimento de um juízo crítico.

3 – CONCLUSÃO

Examinar e discutir personagens é tirá-los de seu *habitat* natural, sendo muitas vezes, como disse Freud, algo tosco e que não proporciona o mesmo prazer; contudo, há um certo interesse em fazê-lo, se bem que utilizando uma ótica diferente da usada pelo escritor ao narrar a vida. O exame e a discussão dos personagens machadianos mostram como é possível fazer psicanálise em extensão ao demonstrar a importância das formulações psicanalíticas, conseguindo assim, no exame crítico dos seus escritos, novas possibilidades de sentido e uma maior valorização da própria obra.

O texto machadiano provoca um ininterrupto desafio à psicanálise, na medida em que ele apresenta personagens que, apesar de estarem referidos a determinado contexto sócio-histórico, mesmo assim, poderiam ser representantes de qualquer tempo. Esses personagens são passíveis de uma ampliação, são *personagens permanentes*, ou seja, representam uma determinada *matriz subjetiva* da cultura (Vital Brazil, 1992).

Conforme afirmou Bakhtin: o autor "não pode inventar um herói" (1920-30/1992: 212), o herói pré-existe na cultura independente do ato criativo.

Referências bibliográficas

Bakhtin, M. (1920-30). O autor e o herói. Em *Estética da criação verbal.* São Paulo: Martins Fontes, 1992.

————. (1952-53). Os gêneros do discurso. Em *Estética da criação verbal.* São Paulo: Martins Fontes, 1992.

————. (1959-61). O problema do texto. Em *Estética da criação verbal.* São Paulo: Martins Fontes, 1992.

Delly, M. (1938). *Mitsi.* Rio de Janeiro: Oscar Mano & Cia.

Freitas, L. A. (1997). *O conceito de identificação na obra de Freud.* Rio de Janeiro: SPID.

Freud, S. (1900). A interpretação de sonhos. *Edição standard brasileira,* v. IV. Rio de Janeiro: Imago, 1980.

————. (1908). Moral sexual "civilizada" e doença nervosa moderna. *Edição standard brasileira,* v. IX. Rio de Janeiro: Imago, 1980.

————. (1910a). Leonardo da Vinci e uma lembrança da sua infância. *Edição standard brasileira,* v. XI. Rio de Janeiro: Imago, 1980.

————. (1910b). Um tipo especial de escolha de objeto feita pelos homens. *Edição standard brasileira,* v. XI. Rio de Janeiro: Imago, 1980.

————. (1913). O interesse científico da psicanálise. *Edição standard brasileira,* v. XIII. Rio de Janeiro: Imago, 1980.

————. (1921). Psicologia de grupo e a análise do ego. *Edição standard brasileira,* v. XVIII. Rio de janeiro: Imago, 1980.

————. (1930). O mal-estar na civilização. *Edição standard brasileira,* v. XXI. Rio de Janeiro: Imago, 1980.

————. (1942). Tipos psicopáticos no palco. *Edição standard brasileira,* v. VII. Rio de Janeiro: Imago, 1980.

Goethe, J. W. (s.d.). *Escritos sobre literatura.* Rio de Janeiro: Sette Letras, 1997.

Kehl, M. R. (1998). *Deslocamentos do feminino.* Rio de Janeiro: Imago.

Lara, S. H. (1999). *Ordenações filipinas,* Livro V. Rio de Janeiro: Cia das Letras.

Lima Freitas, A. (1999). Psicanálise e arte: um encontro criativo. Em *Revista do Tempo Psicanalítico.* Rio de Janeiro, SPID, nº 24.

Machado de Assis, J. M. (1881). Memórias póstumas de Brás Cubas. *Obra completa.* Rio de Janeiro: José Aguillar, 1959.

Miguel Pereira, L. (1937). *Machado de Assis.* São Paulo: Universidade de São Paulo, 1988.

Vital Brazil, H. (1989). Psicanálise, cem anos depois. Em *Tempo Psicanalítico*. Rio de Janeiro, SPID, 1990, nº 24.

————. (1992). *Dois ensaios entre psicanálise e literatura*. Rio de Janeiro: Imago.

Xavier, E. (1994). As personagens femininas na narrativa machadiana. Rio de Janeiro, Faculdade de Letras – UFRJ, nº 4.

NOTAS

1 Este tema está apresentado, na íntegra, na obra do autor *Freud e Machado de Assis: uma interseção entre psicanálise e literatura*, Mauad, 2001.

Amor e Nomes-do-Pai

*Malvine Zalcberg**

Ao Dr. Horus Vital Brazil
Que, ao garantir por anos o entrelaçamento
de aspectos constituintes da SPID, favoreceu a
veiculação de sentido na instituição.

"Todo amor se baseia numa certa relação entre dois saberes inconscientes" (1972-1973/1982: 197). Uma forma para Lacan enunciar, em seu Seminário *Mais, ainda,* que o amor é também um dos Nomes-do-Pai.

É no registro do real que Lacan aproxima amor e Nomes do Pai, após ter feito consideráveis deslocamentos ao longo dos eixos do imaginário e do simbólico durante seu ensino, tanto da definição do amor quanto da formulação do Nome-do-Pai. Se não havia, de sua parte, menção da articulação entre amor e Nome-do-Pai, é que até então, até a entrada efetiva do real em seu ensino e do retorno do indizível do gozo a ele associado, não havia sido cogitada a pluralização do Nome-do-Pai.

Que são vários, os Nomes-do-Pai, foi o que Lacan pretendia explorar em seu Seminário interrompido de 1963. A única aula desse Seminário inspirado na idéia de que o Pai é um nome entre outros foi suficiente para pôr em movimento um antes e um depois em seu ensino. Esse Seminário, dito "inexistente", fica entre o Seminário sobre *A angústia* (1962-1963/2005) e o dos *Quatro conceitos fundamentais da psicanálise* (1964-1965/1979). O que se esboça nesse Seminário "10 e meio" determina a lógica das versões do pai dos seminários anteriores e ilumina a de seus seminários posteriores.

O que trazia de novo o *Seminário X*? Que a angústia é uma via de acesso ao que não é significante, àquilo que da Coisa, *das Ding* – quer ela seja chamada de Mãe, gozo, etc –, escapa de ser simbolizado, isto é, o que permanece como resto não simbolizável. O que a angústia designa é o real,

* Membro psicanalista – SPID e Doutora em Psicologia – PUC-Rio.

em relação ao qual o imaginário e o simbólico não podem mais do que girar em torno.

"Não se deixem sugestionar pela imagem nem adormecer pelo significante colocado em jogo pela palavra", adverte J.-A. Miller na introdução à edição de *A angústia* (2004: 69). O caminho desse Seminário é o de uma de-simbolização e o de uma des-imaginarização do objeto.

Até então, a via adotada por Lacan havia sido abordar o real pelo significante, via prescrita por ele em "Função e campo da fala e da linguagem em psicanálise" (1953/1998), da qual resultaria um suposto apagamento do gozo.

A que visão do Pai corresponde essa posição de Lacan?

A resposta a essa pergunta encontra-se inicialmente em "Uma questão preliminar" (1957/1998), quando Lacan sustenta que a atribuição da procriação ao pai só pode ser efeito de um significante puro, de um reconhecimento, não do pai real, mas daquilo que a religião nos ensinou a invocar como o Nome-do-Pai. Ao introduzir a precisão do pai como significante e, como tal, sua inclusão em uma metáfora, Lacan diluía um fenômeno freudiano essencial: uma destituição sistemática do pai como ideal ou como universal.

O Nome-do-Pai, no singular, é o significante que metaforiza o significante do Desejo da Mãe, se substituindo a ele. Esse significante maior é também a metáfora da presença do pai, tomada aqui em sua função discursiva, através da palavra da mãe. Nessas condições, o pai se apresenta mortificado pelo discurso.

Ora, se o significante do Nome-do-Pai tem, desde a origem, uma função de substituição do gozo pelo significante, é mais para engendrar sua restituição regulada, sob a forma de significação do desejo. A ênfase é na função de metaforização do Desejo da Mãe e a idéia de resto nesse processo ainda não ocupa posição de destaque. A função paterna é operante ou não. Quando não é operante, foracluído o Nome-do-Pai, dá origem à psicose, como ocorre com Schreber.

É no Seminário seguinte, *Seminário XI* (1964-1965/1979), que a idéia de resto do processo de simbolização é desenvolvida, no lastro das duas operações de constituição da subjetividade, a alienação e a separação. Nessa segunda operação pela qual o sujeito se engendra, algo se destaca da simbolização, sem possibilidade de ser nomeado: o objeto *a*, que não tem consistência, nem simbólica nem imaginária. Só lógica.

Graças ao objeto *a*, restinhos de gozo são recuperados. Não se pode gozar senão dos restinhos de gozo. Se aqui temos a conseqüência ineludível da carência paterna, localizada como insuficiência do significante para absorver o todo, já que há um gozo singular ao sujeito que escapa à operação universalizante do pai, o objeto *a* não deixa de ser o nome não só do gozo do sujeito, mas o nome no qual o Pai e o gozo estão incluídos juntos: um nome que não seria uma metáfora. A formulação desse resto de gozo possibilita o deslocamento do Nome-do-Pai para um além da metáfora paterna na primeira acepção de metaforizar o Desejo da Mãe, e um além da articulação castração e Édipo, em direção à sua pluralização.

O Nome-do-Pai se confunde, a partir de então, com outros significantes que podem vir em seu lugar de forma equivalente para cumprir a sua função, na qualidade de significantes-mestres. Trata-se da transformação do Nome-do-Pai em uma função: NP(x). Qual é essa função? É a função de enodamento dos três registros: o Simbólico, o Imaginário e o Real, pelos quais a experiência humana e a analítica se estruturam, condição que Lacan trabalha particularmente em seu *Seminário R.S.I.* (1974-1975/inédito).

Estes três registros são heterogêneos. Para se sustentar na realidade humana, para fazê-la consistir em suas três dimensões, para criar um laço social com seus congêneres, o sujeito precisa manter juntos esses três registros. Os três registros tornados homogêneos são amarrados, mas, se um dos três se desamarra, os outros se liberam. Esta é a propriedade borromeana.

A função do Pai é de manter junto, para cada sujeito, um a um, Real, Simbólico e Imaginário. O quarto elemento que amarra os três registros é o da nomeação pelo Nome-do-Pai.

Pela nomeação, o Nome-do-Pai é um instrumento que faz laço, não com o Outro, mas faz laço entre o sentido e o real, associando o simbólico e o real. Os Nomes-do-Pai são instrumentos para resolver o gozo pelo sentido.

Dependendo de como em cada caso clínico funcionou para o sujeito o Nome-do-Pai, em sua função de nomeação ou se ele teve que recorrer a alguma suplência, ele encontra (ou não) uma forma de lidar com a relação sexual que não existe – aforismo que Lacan apresenta nesse momento de seu ensino.

A fórmula *não há* relação sexual entre o sujeito e o Outro aponta precisamente para o que *há*: o gozo do sintoma. Em seu Seminário sobre

Joyce (1975-1976/inédito), no qual está em jogo precisamente a função de nomeação, a definição do sintoma se precisa: "é a maneira com que cada um goza do inconsciente, enquanto o inconsciente o determina". É particularmente na psicose que o modelo do núcleo real de todo sintoma aparece.

Lacan indica que há uma versão do pai própria a cada um, o que dá conta da impossibilidade clínica de apoiar-se em uma função paterna universal. O que os Nomes-do-Pai indicam é que há várias formas possíveis de estabelecimento de laço com o gozo.

O amor é uma delas. Por isso, o amor é um dos Nomes do Pai. O amor está entre o gozo e o desejo, ante o impossível da relação sexual.

O aforismo introduzido por Lacan em seu seminário sobre a angústia, segundo o qual "só o amor permite ao gozo condescender ao desejo", orienta-se para uma abordagem do amor pela via do real, a nos conduzir bem além das primeiras definições de amor de Lacan. Seja pela vertente imaginária do *Seminário I*: "o amor daquele que deseja ser amado é, essencialmente, uma tentativa de capturar o outro em si mesmo" (Lacan, 1953-1954/2001: 166). Seja pela vertente simbólica, quando diz, por exemplo, no *Seminário IV*, "que o único signo de amor que efetivamente vale é dar-se o que não se tem" (Lacan, 1956-1957/1995: 153).

Já na abordagem do amor pela via do real, trata-se mais do amor em sua função de véu em relação a esse real, quer dizer, em relação ao gozo. É essa a função do amor na via do real: função de suplência da inexistência da relação sexual.

O impossível da relação sexual encontra seu limite e sua resposta na ilusão de que essa relação existe pelo encontro amoroso,

> o encontro no parceiro dos sintomas, dos afetos, de tudo o que em cada um marca o traço de seu exílio [...] da relação sexual. Ilusão de que essa famosa relação existe, que nós formamos Um e que nos compreendemos aquém das palavras. Quando, sabemos, há dois dizeres que não se recobrem, que há dois que não se compreendem e não se escutam: este é o mal-entendido entre os sexos (Lacan, D'écolage, 1980: 15).

Só o amor cortês escaparia dessa ilusão amorosa. Como Lacan formula em "Les non-dupes errent" (1973-1974/inédito): "o amor é o amor cortês" na medida em que ele representa o impossível do laço sexual com o objeto, a relação sexual que não existe.

Do impossível da relação sexual nos fala o poeta Affonso Romano de Sant'Anna no poema Desencontros (2005: 9):

Às vezes é no desencontro
que as almas se revelam
quando se ferem se lanham
com palavras lágrimas e insultos
e só lhes resta o assombro

Bem que gostaríamos
fosse ameno doce ou luminoso
o encontro mas é no desencontro
que às vezes as almas se revelam
quando ásperas ou agressivas
se tocam no mais fundo
e perplexas se contemplam como se contempla
o intransponível abismo.

Não há relação sexual entre homens e mulheres. O que há são encontros contingentes e aleatórios entre eles. E, se há encontros, é na medida em que eles inventam maneiras de atravessar o muro da não-relação direta entre um sexo e o Outro: entre essas invenções é que se encontra o amor. Quando o amor chega, ele se imagina necessário. Todo amor consagra-se a transformar essa contingência em necessidade, em um "não cessa". Tal é o substituto que faz o destino e também o drama do amor.

Sofia Coppola, numa entrevista a respeito do seu filme *Perdidos em Tokio*, considerado paradigmático do relato de amor em tempos pós-modernos, declara que o filme fala de momentos da vida que são tão maravilhosos quanto fugazes. Não duram muito, mas sempre deixam alguma lembrança e produzem um efeito sobre o sujeito. É o sentido da carta de amor, enquanto ela guarda seu sentido, isto é, não por muito tempo.

Pelo fato mesmo da inexistência da relação sexual, há uma disjunção entre o gozo e o amor. Há alguma coisa que falha concernindo ao amor quando o amor é confrontado ao gozo. É uma maneira de situar os limites do amor no registro do real e sua relação com o gozo. Com efeito, o gozo em questão só é atingido aí onde existe relação, não sendo o amor mais necessário para supri-lo. Relação sexual que só é possível atingir na psicose:

o homem acreditando possível encontrar A Mulher e a mulher acreditando encontrar o Homem.

Mas também pode haver uma conjunção. Retomando o aforismo, "só o amor permite ao gozo condescender ao desejo", constata-se que aí o amor funciona como mediação: é o que permite à mônada de gozo ser veiculada na dialética do desejo. Pode-se dizer que a fórmula de Lacan – o objeto *a* causa do desejo – procura traduzir essa translação.

O amor como forma de suprir a inexistência da relação sexual é uma metáfora do amor, mas amor como metáfora de algo que não existe, porque o não existe relação sexual é o correlato do auto-erotismo da pulsão. Não há Outro no nível da pulsão. Eis uma configuração que dá uma dignidade eminente ao amor, totalmente no sentido oposto da crítica do narcisismo da pulsão.

De certa forma, o que se diz da pulsão vale para os dois sexos, mas quando se passa para a diferenciação percebe-se que o homem permanece acorrentado ao auto-erotismo da pulsão, no máximo capaz de fazer do outro um objeto *a*, enquanto que o gozo feminino está ligado ao Outro. Nesse sentido, o gozo feminino é muito mais independente da exigência pulsional e muito mais ligado ao Outro.

As mulheres têm uma relação com o falo, mas também com S(Ⱥ), com o Outro radicalmente Outro. Por se reportar ao buraco no simbólico, o gozo das mulheres encontra uma suplência no amor. Nesse sentido, o gozo feminino faz valer o amor como suplência da relação sexual que não existe, como impossível união do Um com o Outro, aí onde o gozo fálico, do lado homem, confessa seu fracasso em sair do Um autístico do gozo. É deste lado da mulher que a demanda de amor na clínica se faz ouvir com insistência.

Por isso, as mulheres que, mais do que os homens, cultivam o amor são as grandes responsáveis pelos encontros possíveis entre os sexos. São elas as cultoras da civilização.

Essa lógica que restitui à sexualidade feminina seu lugar para além do Pai e, por isso mesmo, a distingue radicalmente das coordenadas masculinas não faz senão acentuar "o sem esperança da relação entre os sexos".

Mas, ao mesmo tempo, deixa uma questão aberta: como pensar a relação amor/gozo do lado feminino? Temos mesmo o gozo do amor designado como tal, já que a forma de amor da mulher é erotomaníaca? É evidentemente um status do amor que aparece nos limites do seminário *Mais, ainda*, à espera de resolução.

O que nos faz pensar na Mulher, tanto quanto no amor, como sintomas, se substituindo, tal qual um dos Nomes do Pai, ao real do "não existe".

Referências bibliográficas

Lacan, J. (1953). Função e campo da fala e da linguagem em psicanálise. *Escritos*. Rio de Janeiro: Jorge Zahar, 1998.

————. (1953-1954). *Os escritos técnicos de Freud*. Rio de Janeiro: Jorge Zahar, 1986.

————. (1957). De uma questão preliminar a todo tratamento possível da psicose. *Escritos*. Rio de Janeiro: Jorge Zahar, 1998.

————. (1962-1963). *A angústia*. Rio de Janeiro: Jorge Zahar, 2005.

————. (1964-1965). *Os quatro conceitos fundamentais da psicanálise*. Rio de Janeiro: Jorge Zahar, 1979.

————. (1972-1973). *Mais, ainda*. Rio de Janeiro: Jorge Zahar, 1982.

————. (1973-1974). Les non-dupes errent. Seminário inédito.

————. (1974-1975). R.S.I. Seminário inédito.

————. (1975-1976). O sintoma. Seminário inédito.

————. (1980). D'écolage. *Ornicar?*, nº 20. Paris: Navarin.

Miller, J.-A. (2004). Introduction à la lecture du Séminaire de *L'angoisse* de Jacques Lacan. *La Cause freudienne*. Nouvelle Revue de Psychanalyse. Paris: Navarin Editeur, nº 58.

Romano de Sant'Anna, A. (2005). *Vestígios*. Rio de Janeiro: Rocco.

Amor pela palavra – uma homenagem a Horus Vital Brazil

*Maria Inês França**

Nesta jornada que se abre com uma homenagem ao Horus, quero falar sobre o amor. Sobre o amor do Horus pela psicanálise, pela poesia, pela SPID e, principalmente, sobre seu amor pela palavra. Para isto, escolhi o encontro de Horus Vital Brazil e João Navarro em novembro de 2004 em pleno espaço público. Eles já se encontravam, desde sempre, mas às escondidas. No livro *O sujeito da dúvida e a retórica do inconsciente*, publicado em 1998, lá estão os dois juntos. João Navarro, então um desconhecido, como autor da epígrafe poética, inaugurava o artigo do Horus, intitulado "O sujeito pretendido e o múltiplo":

> As constrangidas
> e tímidas palavras
> não dizem
> além do que vejo
> Múltiplas formas de ser,
> ocultas pelo sonho
> e a esperança de ser tudo,
> preenchem o meu espaço
> até o infinito.

---

* Membro psicanalista da SPID e doutora em Psicologia pela PUC-RJ; Autora de *Psicanálise, estética e ética do desejo*; *Ética, psicanálise e sua transmissão* (Org.) e *Desejo, barbárie e cidadania* (Org.); Vários trabalhos em livros e revistas, como em *A palavra e o silêncio*; *Eu Narciso, Outro Édipo*; *O expressionismo*, *O pós-modernismo*; *O surrealismo* (no prelo), na revista Tempo Psicanalítico da SPID e na Revista Percurso entre outras.

Essas múltiplas formas de ser nascem nessa e dessa junção: palavra de analista e palavra de poeta. O encontro do Horus com João Navarro naquela noite de novembro constituiu-se numa relação viva que carregava uma proposta: a do reconhecimento de que não são senhores da palavra, mas sim de que são instituídos pelo que dizem. A palavra ali se abria como um co-nascimento, uma simultaneidade. A palavra como fato da vida, nascendo com criação e liberdade.

Esse momento de encontro estava também envolto pelo sofrimento que incidia sobre a materialidade do corpo. Este havia se tornado excessivamente pesado. Habitá-lo era uma tarefa cada vez mais difícil. No entanto, Horus faz um extraordinário movimento de reerguer-se e sustenta-se na imaterialidade da palavra. Volta-se para a aptidão do corpo para recusar o peso e dar testemunho de sua parte de imaterialidade. Para isso, ele o enxerta com a palavra. Afinal, palavra de analista e palavra de poeta não se intimidam, nem se escondem. Ao contrário, elas se espalham e procuram fazer-se escutar.

A luta se revela mais ampla do que enfrentar o desaparecimento do corpo na cena de realidade, ela se estende de forma significativa no poder da palavra. Quer continuar a luta contra o empobrecimento e o desfalecimento da palavra plena nesta era pós-moderna de amortecimento psíquico. Preocupação que Horus evidencia nesse diálogo ético do analista e do poeta, querendo enfrentar os efeitos de um saber sem sujeito, que se traduz, como ele dizia, na "tecnologia triunfante", na onipotência de um olhar posto sobre o homem, na exclusão do imaginário no discurso da ciência e nas tentativas desta condição pós-moderna de se livrar das ambigüidades, de se desfazer da poesia e da criatividade na cultura.

Seu último curso testemunha a busca pela humanização através da palavra constituinte e pela não-redução à posição de espectador contemplativo diante da cena do mundo. Sua palavra não cede. Está lá nos cursos, ensaios e poesias até o último fôlego. Quer deixar todas as oportunidades fermentarem no campo da palavra. Abraçam-se a palavra densa e erudita do analista e a palavra poética extraída do discurso das paixões. Abraço com sabor de uma rara mistura de familiaridade e de desconhecimento.

Esse compromisso intenso por vezes salta de seus ensaios como quem quer dizer tudo e ao mesmo tempo como quem denuncia seu constrangimento e sua perplexidade diante do mistério. Mistério do paradoxo de nascer juntamente ao que difere dele mesmo. Nascer com o João, seu heterônimo.

No co-nascimento, Horus cria uma relação viva com o desconhecido. Trata-se de revelar nesse exercício poético uma experiência íntima com a palavra, experiência com a temporalidade própria de uma ressonância: um som gerando um outro cuja novidade será resguardar com sonoridade também o primeiro. Esse surgimento ressonante do João Navarro em *Poesias acontecidas* apresenta o analista em sua tarefa poética. Um traslado, um para além de si mesmo. O que ele leva de uma arte para a outra é a palavra, o amor pela palavra, sua maior experiência. Pretender desdobrar a palavra em ressonâncias infinitas. Espaço de estranhamento, pois na palavra do outro, do poeta, Horus é aquele que retorna e, na sua palavra de analista, o estranho João é aquele que ele espera.

Nesse encontro vivo parece que se abre o lugar onde a palavra tem começo, como o mistério de uma fermentação. É Hölderlin (1994) que usa essa expressão "mistério de uma fermentação", enfatizando que o que ocorre numa fermentação é que da morte acontece a vida. E é a partir dessa idéia que Sá Cavalcante enuncia a pergunta:

> Para que poetas em tempos de penúria? O nosso tempo, esse em que não mais acontece a festa da vida, em que os braços enfurecidos substituíram a obra pela produção cega, em que a espécie humana foi abandonada pelos deuses. O nosso tempo, em que a humanidade desolou a terra, a ponto de não mais saber celebrar pão, vinho e uma caminhada. O nosso tempo, em que os "lábios emudeceram", os "corações desertificaram-se", o "amor tornou-se fome" e o divino, idolatria do si mesmo. O nosso tempo de penúria radical pode ainda preparar o divino? Para que os poetas? (Sá Cavalcante, 1994).

Esse canto trágico e heróico do poeta nos tempos de penúria é, como disse Heidegger, "o acolhimento no mundo do aceno dos deuses". Aceno transformado em palavra. Palavra-fermento, estranha luz obscura à espera do novo, à espera de um outro. Hölderlin é exemplar na experiência da radicalidade do tempo, mostrando uma potência trágica onde a mais intensa intimidade com o todo pode apenas advir da separação e como separação: vida e morte, devir e perecer.

Essa reflexão via Hölderlin pretende sublinhar a relação viva e íntima com o amor pela palavra presente na experiência poética e no ato mesmo da escrita e da transmissão do Horus. Textos que parecem querer dizer o impossível de ser dito, acabando paradoxalmente por destacar esse impossível, esse real a partir do simbólico. Seu encontro público com João Navarro parece querer dizer ainda mais sobre o poder da palavra, supondo que ela seja tão maior quanto mais proximamente ela consiga se situar em relação à vivência real. É emocionante e impressionante sua tentativa de aproximar a palavra do seu mais pleno poder no encontro das experiências analítica e poética.

Legado que, errantes de terra em terra, Horus Vital Brazil e João Navarro deixam em palavras e acenos. Presentes na fermentação e na espera. Presentes como tempo à espera de um outro.

Legado de amor cujo efeito é o de eterno resgate do lugar não preenchido do objeto do amor, do "nada" que só conta pelo que é endereçado, não somente de "toda a sua alma", mas ainda "de todo o seu corpo" ao Outro.

Ao deixar João Navarro escapar no espaço público, Horus nos convida a participar desse encontro com essa experiência. Coloca em jogo o amor pela palavra e o fato de poder marcar sem apelo o limite absoluto do sentido e de invocar a dimensão do mais além do sentido.

Para o analista, o poeta, o querido amigo, aqui fica minha homenagem com palavras de Clarice, que dizem que é impossível dizer o impossível: "Ouve-me, ouve o silêncio. O que te falo nunca é o que te falo e sim outra coisa. Capta essa coisa que me escapa e no entanto vivo dela e estou à tona de brilhante escuridão" (Lispector, 1969).

REFERÊNCIAS BIBLIOGRÁFICAS

Hölderlin, F. (1994). *Reflexões*. Rio de Janeiro: Relume Dumará.

Lispector, C. (1969). *Água viva*. Rio de Janeiro: Editora Rocco.

Navarro, J. (2004). *Poesias acontecidas*. Rio de Janeiro: Booklink.

Sá Cavalcante, M. (1994). Pelos caminhos do coração. In *Reflexões, Hölderlin*. Rio de Janeiro: Relume Dumará.

Vital Brazil, H. (1998). *O sujeito da dúvida e a retórica do inconsciente*. Rio de Janeiro: Imago Editora.

————. (2004). *Psicanálise cem anos depois – e outros ensaios*. Rio de Janeiro: Booklink.

Consumo, mercadoria, fetiche – A imagem da violência no Rio de Janeiro[1]

*Maria Izabel Oliveira Szpacenkopf**

I – Introdução

Este trabalho apresenta alguns enfoques a partir das Ciências Sociais e da Psicanálise no que diz respeito ao consumo, mercadoria e fetiche, e alguns dos dados da pesquisa "A imagem da violência no Rio de Janeiro", que coordenamos enquanto pesquisadora da Faperj, no Laboratório de Políticas Públicas da UERJ, durante 2004/2005. Para tanto faremos uma breve exposição de algumas informações sobre essa pesquisa, com a intenção de melhor situar e explicitar, não só a pertinência dos enfoques como ainda a direta conexão com o estudo e interpretação dos dados.

Trata-se de uma pesquisa com 420 alunos da Rede Pública do Município do Rio de Janeiro, de 8ª série, turno da manhã, e de duas turmas de 1ª série do Ensino Médio, do turno da tarde da Escola Estadual Paulo de Frontin, como pré-teste, também no Rio de Janeiro.

A metodologia inclui a construção de duas fitas de vídeo, uma com notícias de telejornal sobre violência no Rio de Janeiro e outra com publicidades veiculadas na televisão e reportagens sobre os chamados Pit-boys (estas inseridas na pesquisa com sentido de verificar e analisar a possível existência de tratamento diferenciado entre jovens de diferentes classes sociais). Além disso, foi elaborado questionário com 120 perguntas dentre abertas e fechadas. A pesquisa foi elaborada com tratamento estatístico tanto na composição da amostra, como no sorteio das escolas e na avaliação dos resultados.

---

* Psicanalista; Doutora em Comunicação e Cultura – URFJ; Membro do Espace Analytique de Paris; Membro do Espaço Brasileiro de Estudos Psicanalíticos; Pesquisadora Associada ao LPP/UERJ.

Pelos dados abaixo, fica justificada a produção dos vídeos contendo as publicidades veiculadas na mídia como instrumento para pesquisa, e que, se de início era suposto que os jovens tivessem aparelhos de rádio e televisão, os resultados apontam para os seguintes percentuais, que vêm confirmar a adequação desse instrumento:

- 98,7% possuem rádio e 98,6% televisão.
- Quantas horas de televisão por dia: 5 horas – 16%, 3 horas – 12%, 6 horas – 9%, etc.
- Quantas horas de televisão nos fins de semana: 5 horas – 12%, 3 horas – 9%, 6 horas – 9%, etc.
- Informam-se: via telejornal – 91,5%, via jornal – 55,9% e por rádio – 45%.

A partir das formações de subjetividades, a preocupação com os jovens nos mostra, na clínica e no social, um campo vasto e digno de muita atenção. Considerando as interferências sócio-político-culturais sofridas no processo de subjetivação, nelas incluídas a da mídia, tomou-se como objetivo dessa pesquisa averiguar e analisar esta influência na formação dos jovens do Rio de Janeiro pelo viés da violência e da publicidade.

A pesquisa trabalhou a relação do jovem com duas leis: a do Estado e a do mercado. A relação estabelecida tanto com uma quanto com outra parece não atender o jovem de forma alguma, ou seja, mesmo sem conseguir satisfazer as demandas do consumo e as necessidades forjadas pelo consumo, eles também não têm motivos para acreditar que estejam sendo reconhecidos em sua condição de cidadãos, já que no que diz respeito ao cumprimento de seus deveres o Estado se mostra bastante aquém dos direitos deles.

São duas as vertentes da pesquisa: *Reciprocidade*[2] e *Homogeneização-Consumo*.

Parte da vertente *Homogeneização* será aqui apresentada, incluindo alguns dados que envolvem o consumo e a relação do jovem como o não-poder-consumir e outros sobre desigualdade social e tratamento diferenciado.

II – A LÓGICA DO MERCADO E A CONJUGAÇÃO DAS SUBJETIVIDADES

Trabalhamos nessa vertente a relação do jovem com a lei do mercado e do consumo seja no estabelecimento de comportamentos, na adoção de modelos, nos critérios para eleição de amizades, escolha de profissão, seja no como se sente diante do não-poder-consumir.

As formas de subjetivação se encontram no seu desejo de atingir uma existência plausível e desejável, influenciadas e submersas pela política de mercado, que impõe uma lógica de consumo e funciona como ideal de ego. Desta forma podemos pensar que os sujeitos se submetem à conjugação dos verbos *Ser* e *Ter* (Szpacenkopf, 2005: 41).

O verbo *Ser*, de primeira ordem na questão da identificação, é convocado imediatamente pelo narcisismo. Com o desenvolvimento da comunicação, por meio da cultura da imagem e do consumo ditando as normas e valores, via *marketing*, *Ser* aproxima-se da identificação à imagem, o que implica não só adotá-la, como também aderir aos comportamentos atrelados ou sugeridos por essas imagens. Conjugar o verbo Ser, no sentido de existir, parece estar atualmente ligado à conjugação de um outro verbo, a saber, o verbo *Ter*. Assim, *Ter* funciona como uma exigência para confirmar *Ser*, administrada pelo mercado gerenciador de consumo e de imagens: só *é* quem *tem*.

Além disso, como já temos afirmado, não basta adotar o modelo. O próprio modelo já vem acompanhado de sua forma de usá-lo, nela compreendida as necessidades demandadas e forjadas pelo Ideal de Ego, a espetacular sociedade de consumo (Szpacenkopf, 2005).

III – Alguns enfoques sobre o consumo e a mercadoria

1. A mercadoria e o fetiche

A visão de Marx sobre a mercadoria implica dois conceitos importantes: *valor-de-uso e valor-de-troca*. O primeiro em função da utilidade que têm as coisas, resultado de transformação de outras matérias, embora não importe tanto o trabalho despendido na sua produção. "O *valor de uso* só se realiza com a utilização ou o consumo" (Marx, 1994: 42). Já o *valor-de-troca* diz respeito à relação quantitativa entre valores de uso de espécies diferentes e, na proporção em que são trocados, a relação muda constantemente no tempo e no espaço. Ao desaparecer o caráter útil dos produtos, também as diferentes formas de trabalho concreto desaparecem, ficando reduzidas a uma única espécie, a saber, o abstrato; o que passa a contar é a objetividade daquela mercadoria, não importando mais o dispêndio e a força de trabalho. Esses são os *valores-mercadorias*, medidos em função de uma força de trabalho média única, embora muitas vezes constituída de várias forças individuais. A confecção da mercadoria implica um dispêndio de trabalho que varia segundo fatores como: destreza do operário, tecnologia aplicada, condições naturais, etc.

Segundo Marx, os homens modificam os elementos naturais de modo a transformá-los em produto útil. O produto mesa, oriundo da madeira, traz em si algo de muito trivial e compreensível; ao mesmo tempo, quando transformado em mercadoria, comporta-se como algo perceptível e impalpável. Desde que os homens trabalhem uns para os outros, o trabalho adquire forma social e a mercadoria encobre as características sociais e materiais, não aparecendo a duração, o dispêndio da força, as relações entre os produtores. Produtos de trabalho se tornam mercadorias, coisas sociais, com sua natureza física como se tivessem vida própria, independente das mãos dos homens que as fabricaram. É como se magicamente surgissem, fazendo desaparecer a fase intermediária do processo produtivo: o trabalho, a força, o tempo despendido, etc. Assim, "sem nada fazerem, encontram a figura do seu valor, pronta e acabada, no corpo de um produto existente fora delas e ao lado delas" (Marx, 1994: 103).

Além disso, o trabalho humano social é um valor abstrato e não material que se exprime numa "'forma equivalente' que o dissimula e faz aparecer como um caráter natural das coisas" (Godelier, 1970: 202). Se originalmente um produto poderia ser trocado por outros, mais tarde, com o desenvolvimento do mercado, ele corresponde a vários, passando a ser trocado por equivalentes historicamente representados pelos metais preciosos, chamados mercadoria-moeda e dinheiro. A partir de um momento na história, as mercadorias não valem por sua utilidade e nem por seu aspecto físico, mas por seu valor de troca mútua, cuja aparência das relações sociais dissimula o produto de um trabalho, já que "o fetichismo da mercadoria não é o produto singular, subjetivo de uma história individual, mas o produto geral e objetivo de uma história coletiva, a da sociedade" (idem: 205). Destaca-se aqui o valor da aparência de uma coisa por outra, traduzido pelos interesses despertados, pelas demandas e trocas sociais, fazendo dos objetos mais do que eles realmente são em função da gerência e designação do *marketing* e do mercado.

Numa análise também envolvendo o aspecto fetichista, Debord (1992) destaca a imagem como mercadoria na *Sociedade do espetáculo*, colocando-a entre as propriedades do afastamento entre os homens e o seu produto global. É o quantitativo, se reportando a Marx, que a forma-mercadoria desenvolve e que, ao encontrar as condições sociais do grande comércio e da acumulação de capitais, perdeu sua característica artesanal e marginal, pela transformação do trabalho humano em *trabalho-mercadoria* (Debord, 1992: 23).

2. *A função fetiche na psicanálise*

O fetiche, segundo Freud, apresenta uma solução para situações que envolvam vivências de castração, ou, ainda, uma forma imaginária de superação da angústia pela falta de objeto, conforme Lacan. Na verdade, o fetichismo estudado por Freud (1927/1974) pode ser o resultado do efeito de um desmentido, de uma renegação (*verleugnung*) (idem: 180) da ausência do pênis na figura materna. Por não aceitar a falta deste órgão na mãe, o indivíduo passa a temer esta ausência em si mesmo e se apodera de um objeto que alivie a ameaça, apaziguando a angústia e garantindo o não-enfrentamento da diferença sexual anatômica. O mecanismo da renegação comparece, ainda, funcionando como percepção e negação ao mesmo tempo, ou seja, mesmo que a ausência do pênis seja percebida, um objeto é criado para ficar em seu lugar. Desta forma, o fetiche é um objeto que supre o vazio e afasta a angústia decorrente deste vazio.

Para Lacan (1956-1957/1994), o fetichismo foi colocado como o paradigma da perversão. Do ponto de vista da relação de objeto, é uma solução imaginária para lidar com a falta de objeto (constituinte do sujeito), fazendo crer que um outro objeto exclusivo e inanimado foi encontrado, garantia contra a decepção e a castração. Partindo da equação em que o bebê ocupa o lugar de objeto de desejo da mãe, a criança vai deixando, com o desenvolvimento, esta posição de ser o falo materno, segundo a nomenclatura lacaniana, para procurar o falo para si. Em alguns casos, no entanto, esta mudança é insuportável, em função de toda a angústia que o processo de elaboração suscita, ou seja, mesmo existindo a necessidade de manter a idéia de que à mãe não falta nada, torna-se imperiosa a construção de um objeto que indique uma presença com a qual a criança possa se identificar.

Desta forma, a construção do fetiche implica não só um objeto que nega e supre a falta como, ainda, com o qual o sujeito possa identificar-se. Lacan propõe o fetiche como símbolo, como representante do falo simbólico.

O que aqui está sendo apresentado de forma resumida faz pensar que, sendo a falta constituinte do sujeito, ainda que o objeto compareça, este só pode ser encarado como paliativo efêmero dessa falta e não como uma real satisfação daquilo que nunca poderá ser alcançado. Nesse sentido, também os objetos de consumo sedutoramente apresentados não só oferecem uma felicidade passageira como ainda nos reenviam à lógica do consumo, ou seja, se esses objetos estão fadados a realizar efemeramente a satisfação, outros objetos e novas necessidades precisarão ser construídas. Além disso, a aquisição do objeto enquanto fetiche funciona eliminando a angústia e viabilizando a possibilidade de identificação, o que vai influenciar na formação de subjetividades.

Defendendo que na política do mercado e na lógica do consumo *só é quem tem*, abrimos a perspectiva de pensar que os objetos adquiridos acabem atendendo mais à formação de subjetividades do que à real satisfação de necessidades. Se o consumo funciona na base da sedução, na base do "tendo" se "é", e se sabemos que o "ter" não resolve a questão do desejo, encontramos muitas vezes uma escalada sem fim no processo de aquisição cada vez mais intenso. O consumo passa a funcionar no sentido de intensificar a identificação com a mercadoria, reforçando a condição perversa de ser o falo, mais do que a de tê-lo. Nessa lógica, *ter o falo* não vem como alternativa para deixar de *sê-lo*, mas, ao contrário, confirma essa identificação.

3. Consumo e cidadania

Outra visão do consumo é dada por Canclini (1995/1997), ao vinculá-lo com cidadania e definindo-o como um "organizador da sociedade" (idem: 53). Ser cidadão não estaria restrito aos direitos reconhecidos pelo Estado, mas também relacionado às práticas sociais e culturais, dando um sentido de pertencimento, fazendo "com que se sintam diferentes os que possuem uma mesma língua, formas semelhantes de organização e de satisfação de necessidades" (idem: 22).

Citando Vera da Silva Telles, alerta que a perda do conceito de cidadania manipulado por juristas pode ser repensada a partir da reconceitualização dos direitos enquanto "princípios reguladores das práticas sociais, definindo regras de reciprocidade esperadas na vida em sociedade através da atribuição mutuamente consentida (e negociada) das obrigações e responsabilidades, garantias e prerrogativas de cada uma" (*apud* Canclini, 1995/1997: 23). Assim, a cidadania em conexão com o consumo é trabalhada como "estratégia política" que procura abranger não só as práticas emergentes não consagradas pela ordem jurídica, o papel das subjetividades na renovação da sociedade, mas, ao mesmo tempo, a possibilidade de criar novas formas de legitimidade num novo tipo de Estado. Se antes era o Estado que, injusta ou limitadamente, dava enquadre às variações de participações na vida pública, cujas reivindicações eram de toda ordem, seja de gênero, raça, ecológica etc, atualmente, segundo Canclini, o "mercado estabelece um regime convergente para essas formas de participação através da ordem do consumo" (Canclini, 1995/1997: 24). A proposta é de uma concepção estratégica que articule de forma complementar as diferentes modalidades de cidadania, levando em conta tanto o Estado quanto o mercado.

O autor destaca ainda que consumir costuma estar associado a gastos inúteis e às respostas compulsivas à sedução das massas pelos meios de comunicação. Alega que os estudos mais atuais mostram que a hegemonia cultural não tem efeito vertical no qual os "dominadores capturariam os receptores" (Canclini, 1995/1997: 52). A partir da definição de consumo enquanto "conjunto de processos socioculturais em que se realizam a apropriação e os usos dos produtos" (idem: 53), Canclini defende a racionalidade econômica por meio da qual consumir é completar o processo iniciado com a geração de produtos, realizando a expansão do capital e a reprodução da força de trabalho. Destaca como funções (contestando sempre a corrente que defende o consumismo como resultado de dominação, de sedução e de gastos com supérfluos) a *racionalidade sociopolítica interativa*, sua *importância política* e os *aspectos simbólicos e estéticos da racionalidade consumidora*. Esta última apóia-se no conceito de *distinção* de Bourdieu, pelo qual se justifica que a aquisição de bens não se refere à satisfação de necessidades, mas "à escassez desses bens e à impossibilidade de que outros os possuam", ou seja, a posse de determinados bens serve basicamente para distinguir os membros de uma sociedade. Aquele que não puder possuir tais objetos pelo menos "conhece o seu significado sociocultural" (idem: 56). Considera ainda que os bens exerçam muitas funções e que a mercantil é apenas uma delas.

Propõe, diante da falência e descrédito do Estado e de suas burocracias, que se mostram cada vez mais distantes da finalidade de atender as necessidades básicas dos cidadãos, vincular o consumo com a cidadania, missão que requereria "um reposicionamento do mercado na sociedade, tentar a reconquista imaginativa dos espaços públicos, do interesse pelo público" (Canclini, 1995/1997: 224). Ressalva, no entanto, que não se trata da privatização sem limites acontecida na América Latina nos anos oitenta, que afinal levou ao desemprego, descapitalização nacional e subconsumo das maiorias. Seu direcionamento é no sentido de uma cidadania cultural, por meio da qual pudesse haver a "negociação das identidades" (idem), com destaque as populares, norteado pelo desafio de "revitalizar o Estado como representante do interesse público, como árbitro ou assegurador das necessidades coletivas de informação, recreação e inovação, garantindo que estas não sejam sempre subordinadas à rentabilidade comercial" (idem: 254). Defende que esse viés cultural precisaria ser mais abrangente e não somente dedicado ao que ele denomina de "alta-cultura", relativa a escolas, editoras, bibliotecas e museus. Os meios de comunicação de massa e as redes de informática devem, segundo ele, ser utilizados e oferecidos também como meios de cultura, despertando o interesse do público para rádio, televisão, tecnologias de ponta, e na inovação estética.

Canclini fala muito rapidamente da questão da frustração dos que não podem consumir como um assunto para psicólogos. Além disso, o individualismo, o distanciamento em relação à problemática da desigualdade social e da exclusão, em função da lógica do mercado e do consumo, é vista pelo autor como fazendo parte das "críticas apocalípticas". Embora considerando que em parte elas estejam corretas, argumenta que, em compensação, a expansão do consumo e das comunicações produz associações de consumidores e lutas sociais melhor informadas sobre condições e assuntos nacionais e internacionais. Na verdade, Canclini discorre com desenvoltura sobre propostas e benefícios do consumo, mas fala para aqueles inseridos e que podem consumir. Como os que não podem, ou os que podem pouco, ou menos do que outros em melhores condições sociais e financeiras, se interessariam pela defesa de seus direitos de consumidores, se suas necessidades básicas não são atendidas e muito menos os direitos que deveriam ser garantidos pelo Estado? Dessa forma, ficam de fora, pelo menos assim parece, a problemática e as conseqüências da desigualdade social, além de se reduzir as frustrações dos que não podem consumir num nível menor de preocupação. Canclini acrescenta que deveríamos nos emancipar do desencanto que a descrição do social feita pelas ciências sociais apresenta por meio de dados duros da decadência latino-americana, já que esse sentimento povoaria sem possibilidades de esperança nem "nas monótonas políticas culturais nem nas retrógradas políticas que atualmente vigoram" (Canclini, 1995/1997: 264).

Ao contrário desta posição, encontramos a de Gilberto Velho (1996/2000), que defende a desigualdade social como um dos fatores diretamente ligados à produção de tensão e de conflito. Além disso, a violência da sociedade brasileira está, segundo ele, "acompanhada de um esvaziamento de conteúdos culturais, particularmente os éticos, no sistema de relações sociais" (Velho, 1996/2000: 17). Acredita que a sociedade civil tenha um papel crucial a cumprir num projeto de cidadania, que a confiança básica no poder público é fundamental e que só o "Estado tem condições materiais e simbólicas de liderar e coordenar esse movimento" (idem: 24).

Destaca a importância da noção de justiça compartilhada como valor comum, essencial para a continuidade da sociedade e enquanto um conjunto de crenças e valores que dizem respeito ao bem-estar individual e social. Neste sentido, encontramos índices na pesquisa que vêm confirmar o quanto a desigualdade está baseada na crença de que os ricos têm acesso a advogados, além do preconceito de que pobre é sempre bandido, perseguido e morre na prisão. Gilberto Velho traz ainda à baila a questão da impunidade como a percepção disseminada na sociedade e evidente nos setores mais pobres, que seguramente influencia as identidades e subjetivações.

A relação do consumo e do poder ou não-poder-consumir tangencia, em última instância, a questão da desigualdade social. Alguns dados da pesquisa mostram os efeitos dessa desigualdade no campo da justiça e do tratamento diferenciado a partir da constatação[3] decorrente da exposição do vídeo de publicidade e de notícias dos Pit-boys.

Na análise qualitativa da pergunta aberta[4], "Existe diferença entre um jovem pobre e um pit-boy quando pratica violência?", encontramos respostas indicativas de desigualdade e de tratamento diferenciado.

A questão da injustiça social fica caracterizada até pela própria dificuldade de um pobre ter acesso a um advogado que o defenda: "Pit-boy pode pagar um bom advogado e o pobre não", "o jovem pobre sempre paga por seus crimes, já o pit-boy, não", "o pobre é criminoso e o pit-boy só agrediu a pessoa", "a diferença é o dinheiro que ele tem, e sempre tem advogado para livrá-lo". Corroborando esse enfoque, encontramos respostas tais como: "a diferença é que o jovem pobre é chamado de bandido", "pobre não tem condições e já é espancado sem mais nem menos", "pobre por falta de emprego e revolta e os pit-boys porque se sentem superiores", "Pit-boy fica impune e pobre morre na cadeia", "pobre é punido e para pit-boy a justiça é lenta", "porque não tem dinheiro para passar para autoridade corrupta".

Além disso, a justificativa para o pobre bater ou praticar a violência se situa na falta de *condições financeiras*, ficando justificadas as *necessidades* e a conseqüente reação violenta: "Pit-boy pratica a violência para se divertir, pobre para conseguir dinheiro".

Respostas que envolvem a proteção por parte da *família* e dos pais de classe social mais favorecida, que não se conformam de ver o filho punido, aparecem sob a forma: "o pit-boy tem pai e mãe para defender, o pobre não" e "eles podem pagar fiança".

O respeito de si e o valor próprio ficam abalados quando os princípios de justiça não comparecem, deixando o jovem sem condição de lutar, defender ou mesmo realizar aquilo que quer. Sua imagem depauperada passa a ser refletida nas frases: "o pobre faz porque se acha inferior" e o "pobre fica conhecido como bandido".

4. Consumo e uso – duas formas de alcance do objeto

Na obra de Hannah Arendt encontramos suas idéias sobre o consumo, a sociedade de massas e a questão do equilíbrio entre labor e consumo que deve ser mantido para evitar a destruição dos objetos e do próprio mundo.

Labor e consumo, na visão de Arendt (1958/2055), são dois aspectos da vida biológica, impostos ao homem que labora pelas necessidades da vida. O que quer que façamos deve ser no sentido de "ganhar o próprio sustento"; este é o veredicto da sociedade, e o número de pessoas que poderiam desafiá-lo, especialmente nas profissões liberais, vem diminuindo consideravelmente. Estes dois estágios podem ter seu equilíbrio alterado se o poder humano for despendido no consumir, "acarretando o grave problema social do lazer", recaindo a preocupação no "como produzir um número suficiente de oportunidades para a exaustão diária, mantendo intacta a capacidade humana de consumo" (Arendt, 1958/2005: 144). Dessa forma, o consumir, isento de dor e de esforço, em nada mudaria o caráter devorador da vida biológica se ao consumo aumentado e mais livre correspondesse a reprodução diária de tudo que fosse desejado.

O sonho da sociedade moderna é a felicidade. Quanto mais horas vagas o *animal laborans* tiver, mais tempo será aplicado no consumir, pois não só os apetites se tornam mais refinados, como ainda o consumo não se restringe mais às necessidades vitais, mas muito mais às "superfluidades da vida". Quando o peso maior situa-se no pólo do consumo, instala-se a "economia do desperdício" e o objeto não sobrevive, acrescenta Arendt, uma vez que todas as coisas são devoradas e abandonadas tão rapidamente quanto surgem no mundo (Arendt, 1958/2005: 144).

Ressalta então que, diferentemente do consumo, "o mundo, o lar feito pelo homem, construído na terra e fabricado com o material que a natureza terrena coloca à disposição de mãos humanas" (Arendt, 1958/2005: 147), faz se apresentarem objetos que, mais do que consumidos, são usados. Nesse sentido, a condição humana é dada mais pela possibilidade do labor do que a natureza oferece para ser consumida e para suprir necessidades. Aí está a função de durabilidade característica do uso em lugar da destruição do objeto pura e simplesmente consumido. Durabilidade, para Arendt, implica desgaste do objeto, mas não necessariamente sua destruição, pois mesmo que esta se apresente será muito mais lenta do que a imposta pelo consumo. A "durabilidade torna as coisas do mundo adequadas ao uso e à construção deste" (idem), sem a qual a vida jamais seria humana.

Além disso, a eliminação dos processos vitais da exaustão e de regeneração, da dor e do alijamento da dor, assim como o alcance da felicidade, parecem ser conseguidos pelo consumo e sua aparente diminuição de necessidades. Sabemos, no entanto, que, em lugar dessas, passa a existir a necessidade do consumo em si mesmo, como uma saída mágica e inebriante para a ociosidade e para o vazio que se instala no ser humano.

Num dos capítulos, Arendt chama à atenção que condição humana não é o mesmo que natureza humana. Ela diz que o homem fabrica com as matérias encontradas na natureza as inúmeras coisas, os objetos destinados ao uso. Acrescenta que é a durabilidade e não o objeto que se desgasta quando do uso. "O processo vital que permeia todo o nosso ser também o atinge; e se não usarmos as coisas do mundo, elas perecerão, retornando ao processo natural global do qual foram retiradas e contra o qual foram erigidas" (Arendt, 1958/2005: 149). A durabilidade, continua ela, "empresta às coisas do mundo sua relativa independência dos homens que as produziram e as utilizam. A sua 'objetividade' as faz 'resistir', 'obstar' e suportar, pelo menos durante algum tempo, as vorazes necessidades de seus fabricantes e usuários" (idem: 150).

Lembramos aqui o conceito de "uso do objeto" desenvolvido na Psicanálise por Winnicott (1975). Para ele, o mundo passa a ser objetivamente percebido e a poder ser usado pela criança quando sobreviveu aos ataques destrutivos dela. Na medida em que estes objetos sobrevivem à destruição, deixam de ser subjetivamente percebidos, passando à categoria de objetos do mundo e, portanto, fora da órbita onipotente do bebê. Este seria então o novo estágio do objeto, que de concebido e ressurgido passa a ser usado, relação esta que condiciona e confirma ao mesmo tempo a sua existência. Se, pela fantasia de onipotência, a destruição e dominação do outro precisa ser efetivada, garantindo a supremacia de cada um sobre o mundo, é pela quebra dessa onipotência que se constrói um mundo com os objetos que continuam existindo à disposição das necessidades para serem usados. Dessa forma, a mensagem de Winnicott aponta para a ação e agressividade, mas como potencial transformador e criador na percepção do mundo, dos objetos e do outro enquanto separado, diferente e fora de nós, passível, portanto, de reconhecimento.

5. A sociedade de consumo, segundo Baudrillard

Na sua análise sobre a lógica social do consumo, Jean Baudrillard destaca a felicidade como o desejo de todos e atrelada ao Mito da Igualdade, a partir da Revolução Industrial e das revoluções do século XIX. Este Mito, fundado nos princípios individualistas, fortificados pela Declaração dos Direitos Humanos e do Cidadão, reconhece ao indivíduo o direito à felicidade, observando a necessidade de que esta seja mensurável por meio de objetos, signos e de bem-estar. A felicidade sem provas está excluída do consumo, que por sua vez inclui os elementos de igualdade e de distinção. Como o princípio de igualdade nem sempre consegue ser mantido, o

> princípio democrático acha-se então transferido de uma igualdade real, das capacidades, responsabilidades e possibilidades sociais, da felicidade (no sentido pleno da palavra) para a igualdade diante do objeto e outros signos evidentes do êxito social e da felicidade. É a democracia do "standing", a democracia da TV, do automóvel e da instalação estereofônica, democracia aparentemente concreta, mas inteiramente formal, correspondendo, para lá das contradições e desigualdades sociais, à democracia formal inscrita na constituição. Servindo uma à outra, ambas se conjugam numa ideologia democrática global, que mascara a democracia ausente e a igualdade impossível de achar (Baudrillard, 1995: 48).

De certa forma, esta seria uma visão próxima à de Canclini quando fala do cidadão via consumo contrabalançando a ausência do Estado, embora Baudrillard não acredite nos felizes efeitos dessa conjugação.

Os resultados da presente pesquisa falam, no entanto, da situação em que, além de não haver a presença do Estado no que diz respeito à segurança com relação à violência, também a questão garantia de consumo só seria encontrada por meio da família, o que levanta a hipótese de acúmulo de frustração ou mesmo do recalque desta. Diante desses fatos, parece não haver saída, já que, ao analisarmos a renda familiar, constata-se que é difícil o exercício de tal garantia.

Renda familiar: somando a renda de todos que trabalham na casa, considerando o salário mínimo de R$260,00, vigente na época.

→ Até 260,00 reais – 10%
→ Mais de 260,00 até 780,00 – 46%
→ Mais de 780,00 até 1.300,00 – 27%
→ Mais de 1.300,00 até 2.600,00 – 12%
→ Mais de 2.600,00 até 5.200,00 – 4%
→ Mais de 5.200,00 – 1%.

Na mística da igualdade a tese é a seguinte: "perante as necessidades e o princípio de satisfação, todos os homens são iguais porque todos eles são iguais perante o *valor de uso* dos objetos e dos bens (se bem que sejam desiguais e se encontrem divididos em relação ao *valor de troca*)" (Baudrillard, 1995: 48). O destaque é dado ao *valor de uso* porque é por meio dele que o objeto passa a cumprir sua finalidade natural, a de satisfazer a necessidade.

O autor continua então a trabalhar a questão dos excluídos da lógica do consumo, trazendo as hipóteses que defendem que os menos favorecidos sempre existirão, uma vez que fazem parte de um percentual já previsto como *excedente estrutural*, no caso da riqueza, e de uma *penúria estrutural*, no caso da pobreza. O equilíbrio, segundo o autor, não existe no campo sociológico, já que "toda sociedade origina a diferenciação, a discriminação social e esta organização estrutural assentam (entre outros fatores) na utilização e distribuição das riquezas" (Baudrillard, 1995: 51). A sociedade de consumo constitui o seu próprio mito, no qual o princípio da abundância faz crer que a igualdade seja possível a partir de uma produção máxima capaz de satisfazer a todos. Além disso, a própria ideologia do consumo já oferece até críticas e denúncias ao seu próprio funcionamento, numa estratégia que confirma que nela não falta nada, revertendo tudo a si mesma. No processo generalizado do consumo, sujeito e imagem, ser e aparência não se constituem mais como contradição e nem problemática. "O homem do consumo nunca se encontra perante as próprias necessidades, como também jamais se vê diante do produtor de seu trabalho; também nunca se defronta com a própria imagem: é imagem aos signos que ordena" (Baudrillard, 1995: 206). Já não existe tanto a ordem especular, segundo o autor, mas a vitrine como lugar onde pode se exibir absorvido por ela.

Temos trabalhado, na produção de subjetividades, o que chamamos *sujeitos-imagem* que, a partir dos modelos oferecidos na mídia, surgem como resultado de identificações não só às imagens veiculadas, mas também aos comportamentos atrelados a elas, implicando um vazio que só pode ser falsamente preenchido por atuações, *performances*, onipotência e adrenalina, *estratégias de ação*, que sustentam alguma ilusão de existência (Szpacenkopf, 2006: 326).

O espetáculo, a publicidade e o *marketing* são veiculadores de mercadoria, introduzindo sedutoramente os ingredientes a serem consumidos. Na verdade, o mundo atual dificilmente passaria sem a ação desses instrumentos. A produção e as próprias mercadorias já fazem parte do modo de vida no qual o consumo está incluído na ilusão de sobrevivência. A questão parece situar-se, no entanto, no excesso e no exagero que transformam em dependência a exigência e a demanda do consumo que, quando frustradas, acabam abalando de alguma forma o sentimento que envolve auto-estima. Sabemos do valor que é dado a quem pode consumir e acumular bens, distinção esta que produz uma diferenciação na condição não só da vida como do próprio sujeito. Na pesquisa, 73% dos jovens antes da exibição do vídeo e 71% após essa exibição acham que têm o direito de ter o mesmo que os outros.

Sentimentos como negação, tristeza, impotência, raiva permeiam o não-poder-consumir, o que sem dúvida atua na imagem que cada um faz de si mesmo e do outro. Os sentimentos ficam distribuídos entre:

– quando os jovens não podem ter o que querem: nada – 37,7%; tristeza – 34,8%; estimulado a ter – 22,3%; e raiva – 7,1%.

– "Quando o amigo tem o que você não pode ter", parece haver uma defesa, do tipo recalque da reação, da tristeza e da raiva que poderiam ser suscitadas; os índices ficam então mais por conta do "não ligo", em 69,9%, e após a exibição do vídeo, apesar do "não ligo" continuar elevado em 40,5%, a constatação do consumo pode ser o fator que faz elevar os índices de tristeza 22,8% e o de estimulado a ter para 17,8%.

– "Quando é o amigo que não pode ter enquanto outros podem", foi retirado o quesito "não ligo" para ver como se distribuiriam os índices dos sentimentos. Verificamos que houve uma outra organização nos gráficos, já que os sentimentos se definiram elevando os índices, antes e pós-vídeo: tristeza – de 46,5% para 49,6%; estimulado a ter – de 25,5% para 28,5%; raiva – de 18,5% para 17,4%; inveja – de 10,1% para 12,1%.

Podemos pensar que, se forem eliminados o recalque e a censura, sentimentos de tristeza, estimulado a ter e raiva aumentam.

O questionário ofereceu formas variadas de encontrar a violência como resposta. É o caso da pergunta aberta mais direcionada no sentido de avaliar o potencial agressivo, *o que você faz quando não pode ter*, na qual foram encontrados sentimentos como: conformismo – 61,6%; estimulado a ter – 30,9%. A resposta *conformidade* dessa pergunta aberta sobre *o que faz quando não pode ter* confirmaria o "não liga", ou seja, uma negação do sentimento e da percepção da diferença entre os que podem e os que não-podem-consumir.

A partir do *cross-tab* para verificar os que responderam "não ligo", verificamos que, depois da exibição do vídeo: 19% responderam estimulados a ter e 28,3% responderam tristeza. É possível que a exibição do vídeo faça oscilar de "não ligo" para uma resposta de sentimento mais efetiva e definida.

Na análise qualitativa, em que todas as respostas às perguntas abertas são consideradas e analisadas, as respostas giraram em torno do "luto para conseguir", "lutar para merecer" e "lutar sem fazer nada de extravagante ou mesmo de ilegal", não excluindo outras em que a preocupação é "ter, mas sem interferir na vida dos outros". Além dessas, encontramos:

– "Merecer" vem como outra perspectiva quando constatam não ser natural que todos possam ter; só os merecedores, ou seja, aqueles que se esforçam, segundo um critério não claro, superando não só a diferença entre as pessoas como também os sentimentos de menos-valia que, apesar das racionalizações fracas, são ultrapassados, segundo eles, graças à justiça divina.

– A garantia e favorecimento dos que "querem e não podem ter" está colocada na família, ainda que conscientes de que ela não tem condição de dá-la. Por isso "esperam que os pais possam melhorar de vida para poderem dar", ou ainda "esperam um dinheiro vago que possa ser dado a eles", ou "não ligam". Sendo a família, na figura dos pais, em 67,1% *quem garante o seu direito de ter,* os pais o modelo eleito por eles, com 46,7%, a moradia com a mãe 90,9% e com o pai 69,5%, e as idéias de se vestir ligadas à família, com 31,3%, observamos que a situação existente é de difícil manejo, já que as seduções por parte do consumo são maiores do que as condições financeiras que esses pais possam vir a ter, numa amostra onde predomina a baixa renda familiar. Podemos pensar que "nada" ou "não ligo" seria então uma resposta mais conivente e conveniente com uma situação de não-revolta contra esses pais, já que a revolta contra o sistema não aparece.

– *Esperar e esperança,* com freqüência, são respostas nas abertas indicativas de uma situação que poderá ser revertida, seja porque irão trabalhar ou estudar. Além dessas, outras vão desde o "rezar e orar", até ao se "conformar com o que Deus deu", racionalizações que apontam para tentativas de adequação e conformação com o fato de *não poder ter.*

IV – ALGUMAS CONCLUSÕES

Se a ausência da garantia de direitos do cidadão e dos deveres do Estado é de tal ordem, como mostram os dados da pesquisa entre os jovens do Rio de Janeiro, podemos pensar não em quebra de reciprocidade entre Estado e cidadão, mas muito mais na não-existência dessa reciprocidade[5]. Além disso, o direito de consumir tem como garantia o suporte dos pais e da família. Como a faixa salarial desses pais é de baixa renda, certo também é que as possibilidades de consumo estão pouco satisfeitas.

Como as respostas do tipo "não ligo" são em grande número e 61,6% se dizem conformados dentre 393 respondentes, na pergunta aberta sobre o que "faz quando não pode consumir", podemos pensar algumas hipóteses:

1. Ou os jovens estão perfeitamente atendidos em suas necessidades em outras áreas, daí ser aceitável a possibilidade de que conseguem superar a frustração,
2. ou recalcam e negam a frustração,
3. ou ainda incorporam o fato de que esta frustração fará parte de suas vidas, já que não têm e não terão condição social que faça jus a um consumo como o que é oferecido.

Se pensarmos na *primeira hipótese*, a conclusão pode ser traduzida num está "tudo muito bem obrigada" e que os jovens conseguem por outras vias elaborar a frustração do não-poder-consumir. Como sabemos das condições financeiras destes jovens e das grandes frustrações oferecidas pela quase ausência dos serviços do Estado, fica difícil a aceitação de que estejam com suas necessidades satisfeitas a ponto de superarem o desejo frustrado de consumir.

Se for a segunda hipótese, o recalque excessivo da frustração leva a um acúmulo de energia que pode ser descarregado sob a forma de violência, ou ainda fazer adoecer, estabelecendo o sentimento de menos-valia.

Se for a *última hipótese*, a conseqüência beirará a impotência, a baixa-estima, falhas no auto-respeito e dignidade, com perspectivas melancólicas e de conformismo – 61,6%. A reação mais agressiva é também válida como possibilidade, mas vai depender do nível de tolerância à frustração desses jovens frente à privação. Mais do que reação, encontramos *não-reação, uma negação numa tentativa de aplacar as diferenças*. Seria porque a frustração de não poder mudar a situação de desigualdade é maior do que a frustração de não-poder-consumir?

Se 73% responderam que todos têm o direito de consumir, não é lógico que, quando constatam que não podem consumir, 69,9% respondam "não ligo" antes do vídeo e 40,5% após vídeo, além de ainda 58,8% considerarem justo quando uma pessoa fora do grupo tem o que ele quer e não pode ter?

REFERÊNCIAS BIBLIOGRÁFICAS

Arendt, H. (1958). *A condição humana*, 10ª edição. Rio de Janeiro: Forense Universitária, 2005.

Baudrillard, J. (1995). *A sociedade de consumo*. Lisboa: Edições 70.

Canclini, N. G. (1995). *Consumidores e cidadãos, conflitos multiculturais da globalização*. Rio de Janeiro: Editora UFRJ, 1997.

Debord, G. (1992). *La société du spectacle*. Paris: Gallimard.

Freud, S. (1927). O fetichismo. *Edição Standard Brasileira*, vol. XXI. Rio de Janeiro: Imago, 1974.

Godelier, M. (1970). Économie marchande, fétichisme, magie et science. *Nouvelle Revue Française de Psychanalyse*, 2, *Objets du fétichisme*. Paris: Gallimard.

Lacan, J. (1956-1957). *La relation d'objet, Le Séminaire, Livre IV*. Paris: Seuil, 1994.

Marx, K. (1994). *O capital – Crítica da economia política*, vol. I, 14ª edição. Rio de Janeiro: Bertrand do Brasil.

Silva Telles, V. da (1999). Sociedade civil e a construção de espaços públicos. Em Dagnino, E. (Org.). *Anos 90 – política e sociedade no Brasil*. São Paulo: Brasiliense, 2006.

Szpacenkopf, M. I. O, (2005). Reconnaître, une stratégie symbolique. Em *Sciences de L'Homme et Sociétés*, 77, *La Paternité en question*.

————. (2006). Omnipotentia, une politique du narcissisme. Em *La Psychanalyse, encore!*. Ramonville Saint-Agne, France: Érès.

Velho, G. (1996). Violência, reciprocidade e desigualdade: uma perspectiva antropológica. Em *Cidadania e violência*. Rio de janeiro: Editora UFRJ/FGV, 2000.

Winnicott, D. W. (1975). O uso de um objeto e relacionamento através de identificações. Em *Brincar e realidade*. Rio de janeiro: Imago.

NOTAS

1 Este artigo é um dos capítulos da pesquisa "A imagem da violência no Rio de Janeiro", a ser publicada futuramente.

2 Nem todos os dados serão disponibilizados nesse artigo. De qualquer forma, como o direito de segurança não é atendido pelo Estado, assim como muitas vezes nem o de propriedade ou mesmo o de ir e vir, foi verificado que não só a imagem do jovem cidadão no Rio de Janeiro está afetada como ainda que a reciprocidade garantida pelo cumprimento de direitos de um e deveres do outro não se faz.

3 *Constatação* é o termo empregado para designar as respostas "após a exibição do vídeo".

4 *Pergunta aberta* é aquela que não tem nenhum indicativo ou estímulo apresentado, decorrendo respostas livres.

5 Essa é uma das conclusões que a vertente Reciprocidade oferece em função dos perceptuais e respostas da Análise qualitativa, no que diz respeito à relação do jovem com o Estado, pelo viés proteção e segurança, direitos e deveres. Estes dados não estão disponibilizados no presente artigo.

A experiência analítica e sua direção

*Maruza Bastos de Oliveira**

Introdução

Na configuração do campo analítico, a transferência é o instrumento precioso da técnica de que se utiliza o psicanalista. A existência etérea desse instrumento torna seu manejo todo particular. E é exatamente essa qualidade impalpável e não generalizável que singulariza o seu trabalho. A um só tempo o define e o diferencia. Define porque situa e circunscreve o campo, particularizando sua intervenção, irrepetível, em cada caso. Diferencia porque conota sua abordagem com uma qualidade, intransferível, diversa dos demais profissionais. Tal como a bússola, a transferência não revela tudo, contudo aponta o essencial para que uma certa direção seja perseguida.

A transferência, enquanto fenômeno, se presentifica nas relações que as pessoas estabelecem em seu entorno, seja com outras pessoas, instituições ou coisas. Não raro notamos o quanto certa pessoa com a qual entramos em relação nos lembra, por traços nem sempre claramente perceptíveis, alguém muito próximo a nós. Em sua acepção mais ampla, o termo transferência comporta a idéia de transporte, deslocamento, substituição. Em psicanálise, inferimos a existência de uma lógica inclusiva na própria afirmação que define o que é uma análise, no sentido de que não existe experiência de análise distinta da experiência transferencial. Freud e seus seguidores fizeram uso do termo para nomear o processo no qual os desejos inconscientes referentes a objetos passam a se repetir no espaço analítico, sendo o analista colocado na posição desses objetos. Neste sentido, a trans-

* Membro associado da Sociedade de Psicanálise Iracy Doyle; Mestre em Psicologia Social pela UFRJ; Doutora em Psicologia Clínica pela PUC-Rio.

ferência adquire a significação de um afeto e pode ser positiva ou negativa.

Lacan reformulou essa noção clássica e posicionou a transferência na relação entre o eu e o Outro. Emprega o termo para designar que a transferência estrutura a relação com o Outro que é o analista. Assim, todos os pensamentos construídos em torno dessa relação se revestem de um signo particular porque se estruturam sobre o eixo da transferência.

Para entender o que ocorre no interior de uma análise, parece-me elucidativo acompanhar o que Lacan chama, no *Seminário XI*, *o* "erro piagético" (Lacan, 1964/1988: 197). Piaget constrói a noção de *discurso egocêntrico* da criança e a caracteriza como uma fase onde não há reciprocidade. Em suas brincadeiras solitárias, quando a criança se põe a falar, para Piaget ela fala consigo mesma, para Lacan ela fabula – *é quando estão todos lá, os pequenos, todos juntos, é aí que eles falam* para lá, ao que ele chama *canto da coxia*. Nessa construção, é da constituição do sujeito no campo do Outro que se trata. Eu pergunto, então, se o que faz o analista não é pôr em função um certo jogo operatório que permite a emergência dessa conversação no campo do Outro.

Freud escreveu um belíssimo texto ao qual intitulou "Observações sobre o amor transferencial" em que deixa claro que o manejo da transferência se constitui como a dificuldade mais séria que o psicanalista enfrenta na análise. Neste texto ele coloca em questão a autenticidade do amor na transferência. Tende a acreditar que não se trata de um amor genuíno. Para Freud, a exigência de amor aparece no trabalho analítico como expressão da resistência. Propõe como princípio que esse anseio do paciente sirva para conduzi-lo a trabalhar analiticamente e a realizar mudanças. Freud coloca o amor transferencial a serviço do trabalho analítico. Para ele, o amor, qualquer amor, atualiza antigas características, reedita protótipos infantis. O amor transferencial não foge a esse padrão; ao contrário, exibe com intensidade ainda maior esse tipo de dependência no que se refere à anterioridade, à vida infantil. Talvez por isso o amor se apresente como o instrumento que melhor afina a aproximação da realidade inconsciente.

Lacan amplia esse debate de Freud ao introduzir a idéia do *desejo do psicanalista* como aquilo que revela a verdade do amor transferencial. Partindo do mesmo entendimento de Freud, para Lacan a transferência é tecida com os mesmos fios que tecem o amor. O amor transferencial é um artifício: um objeto que reflete outro.

A transferência é também compreendida por Lacan como um engano, porque o analista ocupa o lugar do sujeito suposto saber, ao qual se atribui, como efeito da transferência, saber absoluto. Nota-se nesta assertiva a relação entre saber e amor. O que o analisando transfere ao analista é o seu saber (o analisando o possui sem saber), porque é ele afinal quem sabe, mas atribui por suposição esse saber ao analista. Contudo, esta operação de transferência apenas se realiza plenamente no âmbito de uma demanda de amor. É, portanto, no solo do amor que incide a transferência.

A transferência para Lacan encena a própria realidade inconsciente. Ele radicaliza inclusive esta idéia ao dizer que a presença do analista em si é uma manifestação do inconsciente. Esta afirmação se insere na pesquisa que realiza no *Seminário XI*, onde aproxima transferência e pulsão. Seguindo essa formulação, de que a presença do analista é em si uma manifestação do inconsciente, sentimo-nos convidados a ter acesso ao movimento do sujeito – o abrir e fechar, o contrair e expandir – que constitui a pulsação temporal.

A presença do psicanalista sustenta o conflito. Sua intervenção, isto é, a produção de seu discurso em transferência, promove a manutenção do drama inicial – sua repetição. A transferência permite o acesso, de maneira enigmática, à indeterminação do sujeito, atingindo o ponto primário do inconsciente, reduto do indeterminado. Mas é Freud quem nos indica que transferência é resistência. Se nos fixarmos diante desse paradoxo – via de acesso e também ponto onde se interrompe a comunicação do inconsciente –, apreendemos algo da natureza ambígua da função da transferência. Função a que Lacan chama de nó.

A experiência do analista o conduz a crer na força do conflito – onde há repressão, há algo que impulsiona: essa mola, quando tocada, repete o ir e vir, movimento essencial do conflito, que se atualiza no cotidiano da clínica. Acompanhando possíveis pistas que levam à trilha aberta em pleno território beligerante, nos deparamos com o movimento pulsional, o qual identificamos como o motor da atividade psíquica e nomeamos com o termo pulsão, o *Trieb* de Freud. Ao inscrever a excitação no psiquismo, a pulsão fixa seu circuito e dessa forma constrói a singular história psíquica de cada pessoa.

Nos "Três ensaios sobre a teoria da sexualidade" (1905/1976), ao explicar a inversão da pulsão em seu contrário e formular a noção de pares antitéticos, Freud indica que somos sexuados desde que nascemos e que qualquer sexualidade é infantil. Simplesmente porque esta é a condição estrutural do humano: ser sexualmente infantil. A sexualidade se configura na dependência das zonas erógenas. Ao constituir seu circuito, a pulsão inscreve no psiquismo as excitações provenientes do corpo, das zonas erógenas, e é a partir deste entendimento que se pode dizer que toda pulsão é parcial.

A pulsão carrega consigo um enigma. Ela marca a falta e a fragilidade do humano. Marca a busca errante do homem e nos convida a pensar sobre sua natureza vulnerável. A pulsão contorna o vazio em torno do qual borda sua linha. Daí advém a idéia da variação de seu objeto: qualquer objeto serve porque nenhum objeto serve. Esta é a insígnia de sua ambigüidade.

Para refletir sobre a pulsão escolhemos percorrer seu movimento a partir de sua incidência na experiência clínica. Na análise, a transferência funciona como a antena que permite à pulsão emitir seus sinais, expressar sua potência. Mas sem pulsão não há transferência. Esta depende do suprimento daquela, que é seu alimento. Posicionados no lugar que a transferência nos confere, podemos acompanhar a mobilidade constante da pulsão, sua inquietude.

Com a intenção de captar a movimentação errante que se expressa muitas vezes em aproximação e afastamento, apresentarei breve extrato de quatro sessões de um caso em atendimento atual. Caso que considero modelar e sobre o qual tenho me debruçado para realizar o aprofundamento dos meus estudos psicanalíticos. Na construção deste trabalho, minha atenção se volta inicialmente para os sentimentos suscitados na ação viva da transferência e depois se concentra na leitura interpretativa do vivido. Experiência e elaboração convergem para fazer emergir o sentido – indício de certa direção.

DESCORTINA-SE O CASO

Sessão 1: a ameaça

> P: Eu estava pensando sobre o que trazer e achei que falar sobre o meu medo de cachorro seria o tema de hoje. Encontrei quatro cachorrinhos numa caixa bem junto da portaria do meu prédio. Três estavam dormindo e um estava acordado e sonolento. Senti vontade de brincar com ele, mas eu não gosto de cachorro. Quando cheguei na portaria do seu prédio, en-

> contrei uma senhora com um cachorrinho e ele arreganhou os dentes. Não vou dizer que senti medo porque ele era muito pequeno, mas senti um grande desconforto. E isso me deu a certeza de que o medo de cachorro deveria ser o tema de hoje. Por ironia, as duas namoradas, a que tive antes na minha adolescência e a atual, ambas têm cachorrinho. Por isso tive que aprender a conviver com cachorro. Fui obrigado. Foi assim que evoluí do medo para o desconforto.

O relato desses dois episódios – o primeiro, cachorrinhos abandonados, desprotegidos, que ele encontra na porta do prédio dele; e o segundo, cachorrinho ameaçador com que ele se depara na porta do prédio do consultório, preso pela coleira a uma mulher que o possui (o cachorrinho dela) – abre uma seqüência de associações sobre como foi que adquiriu medo de cachorro, o qual relaciona ao medo de sua mãe de cachorro, para concluir que adquiriu o medo dela; que ela transmitiu o medo para ele.

Como que projetadas sobre uma tela, essas imagens nos indicam as posições desse sujeito, sua realidade inconsciente. Identificado com o cachorrinho abandonado e desprotegido, ele nos apresenta uma imagem carinhosa. Carregada de afeto, ela nos suscita certa compaixão. Nela, ele imprime sua fragilidade, seu desamparo. Quando encontra, no segundo momento, a mulher na portaria do consultório, com o cachorrinho que arreganha os dentes, esta imagem lhe evoca uma sensação estranha que ele expressa como grande desconforto.

No texto sobre o estranho, Freud (1919/1976) fala da ambigüidade da imagem: é-nos estranho o que nos é mais familiar. Essa imagem familiar que ele estranha o angustia. Ele se vê preso. Presa de uma certa situação: pequeno e preso pela coleira à mulher poderosa que o possui. Quando vê o cachorrinho hostil, algo de sua posição subjetiva lhe é revelado. E nós podemos flagrar esse momento relâmpago através da sensação estranha que ele expressa como *desconforto*.

Ele prossegue relatando lembranças sobre os passeios que realizava com a mãe ainda no carrinho de bebê.

> P: A minha mãe vivia me desviando dos cachorros na rua. Uma vez ela jogou *spray* de pimenta nos olhos de um cachorro enorme que sempre assustava a gente. Quando a gente passava pelo portão da casa, ele pulava e ficava latindo sem parar. Eu não gosto de cachorro e sei que o meu medo foi adquirido da minha mãe.

Silêncio.
A: Você teve algum bicho de estimação?
P: Com uma mãe alergista, que tem horror a pêlo de animal... Mas até que tive um passarinho.
Silêncio.

Esse gosto de se fechar... A boca que se fecha sobre si mesma. Pulsão oral pura fechando-se sobre sua satisfação. Cavidade que se fecha à possibilidade da investida. Cavidade que se fecha pelo prazer de nada mais revelar.

A: Você disse que cachorro foi uma busca de tema para a sessão, cachorro não é algo que foge ao teu controle?
P: Não foge ao meu controle... Me ameaça. Eu me sinto ameaçado pelo cachorro.
Silêncio.

Há nesse momento um clima de *desconforto*, para usar o mesmo significante usado por ele. Ele está irritado, se esquiva, silencia. Quanto a mim, tateio o terreno e o incomodo com a minha busca de contato.

Silêncio.

Encerro a sessão. Ao escrevê-la um pouco mais tarde, penso no conteúdo transferencial contido na imagem do cachorrinho que arreganha os dentes antes de sua entrada na sessão. Eu perturbo, ameaço. O que importa destacar é para onde essa percepção do objeto transferencial nos leva – à pulsão. Transferência como veículo da pulsão: a repetição do desconforto e de certa hostilidade na relação analítica. Essa forma de expressão da transferência como resistência foi o que me permitiu sondar a ameaça. Ela envolveu a relação transferencial. Ameaça entendida como tensão no sistema, quebra de homeostase, que se traduz no dizer do analisando sobre a ameaça que o cachorro representa.

A transferência desloca a ameaça para o centro da relação e pode me comunicar algo do movimento pulsional. Termômetro da tensão pulsional, a transferência me sobreavisa. De que ameaça se trata? Cachorro não mostra os dentes como sinal de simpatia e sim como sinal de hostilidade. A própria palavra que uso para me expressar – sinal – faz remontar a sinal de perigo, a angústia. É de um perigo que se trata.

A tensão cresce e como saída notamos o movimento de escape: a boca que se fecha na busca auto-erótica de satisfação. Seguindo o caminho percorrido pela pulsão oral, podemos falar de uma tendência para o fechamento que se acentua nesse justo momento. Há afastamento, há resistência. E com isso certo gozo pulsional pode ser atingido.

Nem tudo se limita à alternância – revelar e esconder –, movimento típico da pulsação inconsciente que se expressa na pulsão parcial. Lacan nos lembra que o sujeito se realiza no Outro. A consistência desse assujeitamento, como efeito da linguagem, implica a divisão do sujeito. A incerteza que brota da experiência de ser dividido marca o compasso de sua espera e de sua busca existencial, que nunca deixa de ser traçada, em maior ou menor intensidade, nos sombrios tons do trágico.

Onde afinal se situa a ameaça, o risco, o perigo de que nos fala o analisando? Não estariam estampados na imagem do terceiro cachorro que aparece no desdobramento de suas associações? Enorme, esse cachorro faz barulho e assusta ao se jogar de encontro ao portão. Essa imagem assombra a ele e a sua mãe que, toda cuidados, articula um plano para derrotar o cachorro. Especialista na arte de desviar cachorros, armada com seu *spray* de pimenta, ela quer afugentar o cachorro, emudecer seus latidos, amortecer sua força animal.

Sessão 2: sob o véu da rotina

> P: Passei o final de semana na casa da minha namorada. Como sempre, não faço nada. Fico na cama até tarde, ela faz o almoço, eu saio para passear com o cachorro. A gente podia passear na praia, mas ela não gosta de andar. Também não vou me sentir bem andando com ela na praia... feia, gorda. O que ela gosta é de ver filme. Eu não gosto de cinema. Ela é demais, só quer ver filme, comer, ficar deitada o dia todo. Se eu chamo pra dançar forró, não gosta. Eu adoro. Pra fazer caminhada nem chamo porque imagina se ela encontra uma poça d'água, não vai nem sair do lugar.

Ao término da sessão as suas reclamações ressoavam de modo transferencial. As suas queixas sobre a rotina do final de semana latejavam queixas sobre o curso da análise. A sua vontade de fazer diferença. E a análise que não o ajuda a atingir seus ideais, para que serve?

Sessão 3: avalia

> P: Estou cansado da rotina, todo dia a mesma coisa. Não sei se o melhor é ficar com ela. Afinal, eu encontrei uma pessoa madura e legal. Quando eu

> não tinha namorada vivia reclamando porque queria ter um relacionamento... Eu poderia ficar de uma vez com ela e ficar satisfeito com isso. Não quero ser rejeitado o tempo todo por aí. Talvez seja melhor eu ficar com ela. Mas não fico satisfeito. Acho que eu merecia coisa melhor... Estou avaliando se vale a pena. No trabalho, é todo dia a mesma coisa, não consigo tirar férias, é todo dia resolvendo problema, eu não me sinto desafiado, não tenho mais nada para aprender ali... Estou avaliando a situação. Se devo ficar nesse trabalho, se devo sair... Estou avaliando o que devo fazer. Bem, no final do mês pelo menos eu recebo um salário (era a última sessão do mês, dia em que realiza o pagamento). Mas estou avaliando, talvez eu devesse pensar na possibilidade de sair dali para outro lugar onde me sentisse mais desafiado.
> A: Sempre avaliando...
> P: Tenho que avaliar, para buscar aquilo que é melhor para mim...
> Silêncio.
> A: E como anda a busca?

Quando realizo tal pergunta, penso na idéia da psicanálise como a política do desejo. Sinto sua insatisfação generalizada, como que líquida. Não há o que pegar. Minha intervenção sobre a busca pretende ser um puçá para pegar o peixe.

> P: Aqui também é a mesma coisa. Sempre igual, a mesma rotina, nada muda. Penso se eu não poderia fazer algo mais eficiente... Estou avaliando...
> A: O problema é que você na sua busca acaba não buscando, porque fica preocupado em controlar o procedimento da busca.

Encerro a sessão. Noto sua relutância, seus gestos lentos. Quer me pagar, mas esquece quanto costuma pagar. Precisa que eu diga, que lhe recorde o valor da análise. Aliena-se naquele instante.

Eu o observo, uma fração de instantes. Ofereço a resposta que quer obter. Penso na força desse movimento transferencial, no impedimento que ele implica, no momento nó que significa. Lembro das minhas férias recentes, do não-controle que ele tem sobre isso. Esse nada saber sobre minha rotina, que lhe escapa. Eu que lhe escapo. Ele que quer escapar. Desfazer. Acabar de vez com o construído na análise. Isto ele pode fazer. Ilusão de seu total controle sobre mim.

Sinto-me também submetida à força do espaço, dos objetos, da hora. E essa estrutura se torna repentinamente densa. Surge a dúvida: a estrutura, o tempo, o espaço nos engessa ou nos liberta? A estabilidade não deveria destacar o movimento do analisando, como uma figura que sobressai do fundo? Por que sentir a estrutura como peso que paralisa? Será que não é ele que, com seu movimento de ir e vir, me paralisa? Quer desfazer. Estancar o fluxo. Desfazer o feito. Anular o gesto do analista, esgotar o tempo na discussão do método e assim esvaziar o possível avançar da busca. A dominância destrutiva da pulsão. Momento de pensar no movimento pulsional que se impõe inquietante.

Sessão 4: o pai

> P: Quero falar hoje sobre meu pai. Eu ando pensando em procurá-lo. Mas para que eu o procuraria? Estou tão bem sem ele. Não preciso dele para nada. Estou indo muito bem na minha vida sem ele.
> A: Sem ele entre aspas. E a pensão que você recebe não te ajuda?
> P: Pura ganância. Eu poderia me desfazer dela, viver sem ela.
> A:Eu não acho que seja pura ganância.
> P: Eu só tenho a perder procurando ele. Uma coisa que posso perder por exemplo é a pensão. Eu tenho medo de procurar ele. E se ele não desgrudar mais de mim? E se ele ficar doente e achar que eu tenho que cuidar dele. Pode ficar me incomodando, ligando para mim. Ele é um fraco, nunca fez diferença em casa. Mas por outro lado eu fico curioso porque só conheço um lado da história. A versão da minha mãe.

Algo ameaça a célula narcísica. Corre o risco de se romper. Lembro dos quatro cachorrinhos da caixa. Três permanecem adormecidos enquanto um começa a acordar de seu sono. Três cachorrinhos dormem enquanto um inicia cambaleante sua vigília. O que essa imagem nos sugere? Se as pensarmos como sucessivas, como na fotografia cinematográfica, podemos vê-lo despertando. Mas o despertar envolve perigos, que ruidosamente se sinalizam. O que assusta não seria a possibilidade de se defrontar com o desejo, em pêlo, na curva da esquina? Não é possível ter contato, o pêlo do animal deve ser evitado – um encontro traumático.

Trata-se de um sujeito atormentado. Atormentado pela necessidade constante de avaliação, pela auto-recriminação. Atormentado pela minha avaliação. Tormenta que causa a dúvida: deve ou não permanecer com a namorada? Deve continuar na análise?

Freud diz que o trauma sexual ocorre nos cuidados, na proteção que a mãe dedica ao bebê. A mãe é a primeira grande sedutora. Ela o seduz, o protege e o ensina a se defender dos cachorros.

O que ele vê quando olha o cachorro? Aquilo que a mãe odeia e recrimina. Aquilo do qual deve se afastar para manter o seu adorado amor. A imagem do eu é também a dos semelhantes, que vamos amar, a partir do nosso próprio narcisismo. É no eixo especular que se situam o cachorro, a mãe, a namorada e eu. Imagens que deslizam do vértice do amor ao vértice da agressividade, em idas e vindas.

A verdade ficcional dessa história, transmitida pela mãe, é que ele deve se manter limpo, longe dos pêlos e da barulheira dos cachorros.

A análise opera sobre a fantasia inconsciente do sujeito. Neste caso, um sujeito preso ao tema da morte. Ela o assombra. Ele alimenta seu temor por ela. O cachorro aqui é o que prenuncia a morte, a separação e se impõe sem rodeios a ameaçar a união entre ele e a mãe.

O cachorro, terceiro, se interpõe ameaçadoramente entre ele e a mãe. Um terceiro que não interdita. Porque a verdade é ditada pela mãe que enuncia a sentença: é preciso se desviar do cachorro.

Pai, referência primordial na estrutura. Pai fraco, pai cachorro abandonado. Há uma identificação com o pai, com esse pai que demanda ser cuidado.

Ao falar da pulsão parcial, Lacan diz que a realidade do inconsciente se atualiza na transferência, no que essa realidade é sexualidade. Se nos guiarmos por esse feixe de luz, veremos que é a sexualidade, e não o *medo de cachorro*, o tema por onde escoa o fluxo associativo. Uma sexualidade que acossa como os cachorros.

No discurso manifesto do analisando, aparecem diferentes objetos: as namoradas, os cachorros pequenos, o passarinho, a mãe, o cachorro grande. A realidade inconsciente que se apresenta en-cena o seu Édipo. A tensão pulsional se esgarça em desconforto, trazendo à tona a ponta de um *iceberg*. Indício de um desequilíbrio no sistema.

Seguindo as imagens carregadas de afeto dos cachorros, no encalço de suas pegadas, acompanhando a movimentação do analisando e experimentando a parte de desconforto que me coube, chegamos ao pai. Abrimos o acesso para que ele entrasse, estivesse entre nós, fizesse sua presença lá. E assim pudemos estar um pouco mais à vontade com ele.

Referências bibliográficas

Freud, S. (1905). Três ensaios sobre a teoria da sexualidade. *Obras completas*, vol. VI. Rio de Janeiro: Imago, 1976.

———. (1912). A dinâmica da transferência. *Obras completas*, vol. XII. Rio de Janeiro: Imago, 1976.

———. (1915 [1914]). Observações sobre o amor transferencial. *Obras completas*, vol. XII. Rio de Janeiro: Imago, 1976.

———. (1915). As pulsões e suas vicissitudes. *Obras completas*, vol. XIV. Rio de Janeiro: Imago, 1976.

———. (1919). O estranho. *Obras completas*, vol. XVII. Rio de Janeiro: Imago, 1976.

———. (1925). Die Verneinung. *Obras completas*, vol. XIX. Rio de Janeiro: Imago, 1976.

———. (1926 [1925]). Inibições, sintomas e angústia. *Obras completas*, vol. XX. Rio de Janeiro: Imago, 1976.

———. (1937). Construções em análise. *Obras completas*, vol. XXIII. Rio de Janeiro: Imago, 1976.

Lacan, J. (1964). A transferência e a pulsão. Em *O seminário, livro 11. Os quatro conceitos fundamentais da psicanálise.* Rio de Janeiro: Jorge Zahar, 1988.

———. (1964). Do "Trieb" de Freud e do desejo do psicanalista. Em *Escritos.* Rio de Janeiro: Jorge Zahar, 1998.

Vital Brasil, H. (2004). O campo intersubjetivo, o objeto transferencial e o silêncio. Em *Psicanálise, cem anos depois e outros ensaios.* Rio de Janeiro: Booklink.

Ética e subjetividade nos *borderlines* próximos da normalidade

*Nahman Armony**

Grynker, já em 1968, em sua portentosa pesquisa apresentada no livro *The borderline syndrome*, encontra quatro tipos de *borderline*: 1º – O *border* psicótico; 2º – O *borderline* nuclear; 3º – As pessoas "como se"; 4º – O *border* com neurose

Grynker propõe uma gradação do *borderline* em uma linha que vai de um extremo onde ele coloca o psicótico a outro extremo onde o neurótico é alojado. Winnicott (1982: 121) trará uma mudança radical a essa concepção, separando psicose e neurose em duas linhas. Citando: "Os psicanalistas experientes concordariam em que há uma gradação da normalidade não somente no sentido da neurose, mas também da psicose, e que a relação íntima entre depressão e normalidade já foi ressaltada. Pode ser verdade que há um elo mais íntimo entre normalidade e psicose do que entre normalidade e neurose, etc". Winnicott, portanto, admite duas linhas de normalidade: a da psicose e a da neurose. O *borderline* para ele pertence à linha da psicose.

Há, pois, uma gradação que vai da neurose mais grave à neurose próxima da normalidade e outra que vai da psicose mais grave ao *borderline* próximo da normalidade. Subentendido está que a normalidade perfeita, absoluta, é figura de ficção.

André Martins (2002: 212) facilita nossa comunicação ao batizar estas duas linhas de psicóide e neuróide.

O modo neuróide pertence a uma subjetividade moderna vitoriana, na qual a repressão e o recalque predominam. O recalque tanto é estruturante

---

* Psicanalista da SPID.

do psiquismo e mantenedor de seu equilíbrio quanto o responsável pelas dificuldades neuróticas. Citando Freud:

> A análise, contudo, capacita o ego, que atingiu maior maturidade e força, a empreender uma revisão desses antigos recalques; alguns são demolidos, ao passo que outros são identificados, mas construídos de novo, a partir de um material mais sólido. O grau de firmeza dessas novas represas é bastante diferente das anteriores; podemos confiar em que não cederão facilmente ante uma maré ascendente da força instintual (Freud, 1937/1969: 259-60).

Outra citação:

> Não podemos negar que também as pessoas sadias possuem, em sua vida mental, aquilo que, por si só, possibilita a formação tanto dos sonhos como dos sintomas; e devemos concluir que também elas efetuaram recalques [...] se alguém submete a um exame mais atento sua vida desperta, descobre [...] que essa vida pretensamente sadia está marcada aqui e ali por grande número de sintomas banais e destituídos de importância prática (Freud, 1917/1969: 532-3).

Freud fala-nos também que o superego masculino, uma vez formado quando da resolução do complexo de Édipo, dificilmente deixa-se influenciar e modificar.

Na chamada pós-modernidade, o modo psicóide de viver ganha proeminência. Estarei daqui para frente falando do estado *borderline* próximo da normalidade. Diferentemente do neuróide, que realizou fortes identificações com as figuras poderosas de sua infância (especialmente mãe e pai), o psicóide apresenta uma insuficiência de identificações, resultado de uma menor dedicação maternal e de uma maior permissividade, transigência e brandura parental. A expressão "insuficiência de identificações" é a usada por muitos dos psicanalistas que estudam a condição *borderline*. É uma expressão que tem conotações negativas, patológicas. Prefiro substituí-la por "valências identificatórias não saturadas", que tanto nos remetem para o negativo quanto para o positivo desta situação. Será negativa quando o psicóide estiver tomado pelo desespero de saturar por inteiro e definitivamente as valências famintas de identificação mediante relações fusionais ou simbióticas. Será positiva quando as valências forem mantidas abertas, permitindo um conhecimento/relação/comunicação contínuo com o mundo pessoal e cultural. Aqui, torna-se indispensável um adendo: a capacidade de identificação dual-porosa também se forma no relacionamento suficientemente bom com uma mãe que permite a mutualidade e as identificações cruzadas. Se a capacidade de empatia e identificação da criança não vier a sofrer uma repressão severa como sói acontecer pela ação de algo da ordem de uma função Pai Patriarcal Vitoriana, ela poderá espraiar-se no social em permanente movimento de identificação dual-porosa, portanto em permanente criatividade.

Assinalarei apenas alguns aspectos desta subjetividade, justamente aqueles que servirão como ponte para as considerações sobre a ética que a condição *borderline* introduz.

As valências identificatórias abertas fazem com que o *borderline* não se cristalize em um Eu estável, precisando a todo o momento se recriar diante dos acontecimentos mundanos. Não está preso a ideologias, não tendo, portanto, uma moral *a priori*. Suas escolhas éticas são tomadas no calor dos acontecimentos, de acordo com os contextos e circunstâncias. Sua tendência à ação imediata fala de um descontrole; o aprendizado através da ação, da inibição e da percepção do contexto (função secundária e juízo primário) remete-nos a um controle que não depende de ações repressoras, mantendo-se assim a espontaneidade. Featherstone (1995: 142), um sociólogo, chama a esta situação de "controle descontrolado das emoções", o que pode ser lido psicanaliticamente como espontaneidade modificada pela experiência e pelo conhecimento.

Como já deve ter ficado claro, a subjetividade *borderline* nos remete a uma ética interpessoal, pontual, intersubjetiva. Um longo caminho na história da ética foi percorrido até aí. Vou resumi-lo.

Começarei com Sócrates/Platão. Sua ética é orientada por modelos transcendentes que existem no mundo das idéias. É a idéia abstrata que legitima a ação. Por exemplo: é a idéia de justiça que autentica a pessoa e a ação justa. A conduta ética consiste em ascender às idéias verdadeiras absolutas (epistêmicas) e então agir de acordo com elas. Universalidade, transcendência e conteúdo são as características da ética platônica. Uma ética modelar.

A *transcendência* da idéia platônica transforma-se, na ética kantiana, em imanência transcendental. A Razão Universal impõe um Imperativo Categórico que advém de um mesmo e necessário raciocínio realizado isoladamente por cada homem do conjunto dos homens, os quais, por sua própria natureza, necessitam ser racionais. Diz Kant (1974: 223): "O imperativo categórico é, portanto, só um único, que é este: age apenas segundo uma máxima tal que possas ao mesmo tempo querer que se torne lei universal". Todos os homens racionais, se livres, pensarão desta mesma maneira. Apesar das aparências, continuamos com uma ética universal; esta, porém, não tem conteúdo, mas um *modus faciendi*, um modelo de ação.

As transformações da sociedade humana exigiram a desconstrução do imperativo categórico, trazendo-o da impessoalidade à pessoalidade, do abstrato ao concreto. A relação interpessoal torna-se o foco de pensamento de vários autores da atualidade.

Featherstone (1995: 74) fala de "autocontrole mutuamente esperado" e "respeito para com o outro". Anthony Giddens (1991: 123) refere-se à necessidade da realização de um trabalho para ganhar a confiança do outro. Gilles Lipovetsky (1994: 23) fala de uma "ética dialogada da responsabilidade" e de "éticas inteligentes e aplicadas".

Estes três pensadores confluem para uma ética que depende de uma atividade mental, pois há um espaço separando os corposmentes a ser ultrapassado pelos símbolos de segunda ordem. Para eles os corpos não estão em continuidade, mas sim em contigüidade. A primazia não é do corpo, mas sim da mente. Em última instância, é a mente que decide o que é mais conveniente, mais útil, mais adequado para a boa convivência entre os seres humanos. Ou diz quais os valores inatos do humano.

Para Levinas, a ética precede a ontologia. O encontro com o outro é inaugural e anterior a qualquer fala. Este outro é radicalmente outro, pura diferença, um rosto infinito, incognoscível, em relação ao qual o eu tem uma responsabilidade primária, imediata, antes de qualquer conhecimento. Meu comentário: a idéia de que o verdadeiro encontro se dá antes da simbolização aproxima a ética de Levinas da ética do *borderline*. A radicalidade do outro, porém, afasta aquilo que a primeira idéia aproximou. A identificação dual porosa amalgama as duas subjetividades, criando um campo comum embora preservando a singularidade da cada um. Difícil conciliar esta idéia com a radicalidade do outro.

Martin Buber (1982) é quem mais se aproxima da ética *borderline*. Sua ênfase em um encontro onde o eu está aberto "com todos os poros de meu corpo" a toda "recepção" e "percepção" que vem do tu assemelha-se à noção de identificação dual-porosa. As citações seguintes reforçam esta semelhança:

> Nenhum daqueles dois precisa renunciar à sua opinião; só que fazendo eles algo de improviso e acontecendo-lhes de improviso este algo que se chama união, eles penetram num reino onde não é mais válida a lei da opinião [...]. O encontro já se tinha dado anteriormente quando, cada um em sua alma, voltou-se para-o-outro, de maneira que, daqui por diante, cada um, tornando o outro presente, falava-lhe e a ele se dirigia verdadeiramente (Buber, 1982: 39).
>
> Assim sendo, mesmo que se possa prescindir da fala, da comunicação, há contudo um elemento que parece pertencer indissoluvelmente à constituição mínima do dialógico, de acordo com seu próprio sentido: a reciprocidade da ação interior. Dois homens que estão dialogicamente ligados devem estar obviamente voltados um-para-o-outro (Buber, 1982: 40-1).

Apesar das diferenças, não há dúvida de que há uma forte afinidade entre as noções de dialógico e dual-poroso.

Finalmente falarei do *borderline*, do homem da atualidade. Suas valências identificatórias abertas permitem a inclusão do mundo humano circundante na área narcísica. O outro humano ou o outro cultural, embora seja reconhecido como diferente, faz parte do si mesmo. Isto nos remete a uma ética não-racional, uma ética espontânea, uma ética, diria eu pensando em Winnicott, não intelectual/mental, mas psicossomática. Eu quereria o melhor para mim e para o outro não porque isso é necessário à boa convivência ou porque o altruísmo, a responsabilidade, etc são valores em si a serem preservados, mas porque, por um movimento abarcante meu, o outro faz parte de mim e é fundamental para a minha criatividade, minha vida e minha preservação.

Dizendo de outra maneira: o corpomente, tornando-se sensível a outros corposmentes, conhece-os, com eles se relaciona e se comunica não apenas através de símbolos de segundo grau, mas através da porosidade de suas fronteiras, o que o torna contínuo com o outro, embora ao mesmo tempo separado. O outro é parte de mim sem deixar de ser outro. Qualquer dano ao outro é um dano a uma parte de mim. Por isto mesmo, diante de um sofrimento necessário a ser infligido, ele o será de maneira a causar o mínimo estrago e o mínimo sofrimento à unidade múltipla criada pela identificação dual-porosa. Quanto mais regiões ficarem ao alcance da identificação dual-porosa, mais amplamente poderá se exercer a sua ética. Neste tipo de ética, o entendimento não se dá pela racionalidade intelectual nem a ação acontece por voluntarismo. Não é nem mesmo um entendimento entre dois seres, pois o eu não está separado do outro. É mais um processo de equilibração ecológica que inclui preservação, realização, expansão e assimilação do diferente; um processo de equilibração que, mais que a dialética, utiliza uma sutil interação co-vivencial entre dois ou mais corposmentes. Não há regras a serem seguidas, mas devires atravessados pelo desejo de preservação e realização. Uma preservação, realização e expansão que incluem o outro justo porque o outro é, através da identificação dual-porosa, ao mesmo tempo, um si-mesmo.

Esta ética possível do *borderline* tem uma conseqüência clínica: não se trata de transformar psicóide em neuróide (narcísico em edípico), mas sim de manter em mente as potencialidades de desenvolvimento positivo do modo psicóide de existência.

Assim como o psicóide não exclui o neuróide, a ética dual-porosa não elimina a ética racionalista da responsabilidade.

A primeira está referida a um estado vibracional, co-vivencial, intuitivo, simbiótico, conjuntivo; a segunda refere-se a um estado de separação, de individualidade, de aguçamento intelectual, de minuciosidade, de disjunção.

A complexidade do humano e dos acontecimentos pede a multiplicação dos pontos de referência éticos. Deslizar de um ponto de referência para outro será mais adequado ao movimento líquido das relações humanas e culturais que permanecer aderido a uma única referência. A ética dual-porosa unívoca e a ética da responsabilidade/solidariedade dual se suplementam mutuamente.

REFERÊNCIAS BIBLIOGRÁFICAS

Buber, M. (1982). *Do diálogo e do dialógico.* São Paulo: Editora Perspectiva.

Giddens, A. (1991). *As conseqüências da modernidade.* São Paulo: Editora Universidade Estadual Paulista.

Grynker, R. R., Werble, B. e Drye, R. C. (1968). *The borderline syndrome.* New York, London: Basic Books.

Featherstone, M. (1995). *Cultura de consumo e pós-modernismo.* São Paulo: Studio Nobel.

Freud, S. (1917). Conferência 28 – "Terapia analítica" das Conferências introdutórias sobre psicanálise. *Obras completas*, vol. 16. Rio de Janeiro: Imago, 1969.

————. (1937). Análise terminável e interminável. *Obras completas*, vol. 23. Rio de Janeiro: Imago, 1969.

Kant, I. (1974). Fundamentação da metafísica dos costumes. Em *Os pensadores*, vol. XXV. São Paulo: Abril Cultural.

Lipovetsky, G. (1994). *A era do vazio.* Lisboa: Relógio D'Água.

Martins, A. (2002). Pulsão de morte? Natureza e cultura na metapsicologia freudiana. Tese de doutorado em Psicologia Psicanalítica. UFRJ, Rio de Janeiro.

Winnicott, D. W. (1982). Classificação: existe uma contribuição psicanalítica à classificação psiquiátrica? (1959-1964). Em *O ambiente e os processos de maturação*. Porto Alegre: Artes Médicas.

A PRÁTICA *PSI* COMO SUPLEMENTO DO SISTEMA JUDICIAL[1]

*Romildo do Rêgo Barros**

I

A existência da psicanálise está intimamente ligada às formas que tomou a civilização. De forma talvez um pouco particular, mas ligada. A psicanálise é uma conquista, um efeito da civilização. Claro, podemos entender esta afirmação como se a psicanálise fosse o coroamento de um período da civilização, uma forma aperfeiçoada do laço social, mas podemos também entendê-la como uma constatação de que a civilização, chegada a um certo patamar, engendrou sintomas que suscitaram a invenção, por parte de Freud, dessa forma tão singular de intervenção clínica. Não foi simplesmente o surgimento dos sintomas o que suscitou a invenção freudiana – a histeria, por exemplo, existia antes da psicanálise –, mas também uma certa posição do Outro, representada na estrutura da família e nas formas de transmissão dos significantes da cultura.

Se tomamos, por exemplo, duas situações extremas, dois pólos da civilização, a barbárie e a teocracia, veremos que ambas dificultam a existência da psicanálise. A primeira porque se dá como dissolução do Outro – ou *anomia*, nos termos de Durkheim –, como impossibilidade de pactuar, e a segunda porque esse Outro é nela absoluto, ou seja, é um Outro a quem o sujeito entregou a causa do seu desejo, como diz Lacan em "Ciência e verdade" (Lacan, 1998a: 887).

Essa mesma relação, me parece, a psicanálise mantém com outras dimensões da vida social, como a ciência, a lei e o direito. Não haveria psicanálise sem a hegemonia da ciência – Lacan dizia que o sujeito da psica-

---

* Psicanalista. membro da Escola Brasileira de Psicanálise, Rio de Janeiro.

nálise é o sujeito da ciência – e tampouco sem a vocação da lei para ser expressão do universal.

Esses universais estão em crise: nos nossos tempos, descobrimos que a ciência não é simplesmente uma prática que conduziria ao progresso infinito e levaria a humanidade a dispensar as superstições, como se esperou a partir do século XVIII, pois ela engendra igualmente problemas que não sabe resolver, como os graves impasses da ecologia. Também estamos nos dando conta de que o universal da lei é relegado a um segundo plano, em benefício dos contratos particulares, necessariamente relativos; e, finalmente, sabemos que a aplicação do direito sofre de uma patologia que não é simplesmente contingente, como a corrupção ou a imperfeição dos dispositivos legais.

Podemos citar um exemplo escolhido meio ao acaso: folheando o *Novo Código Civil Brasileiro*, lemos no item VII do artigo 1.634 que "compete aos pais, quanto à pessoa dos filhos menores, [...] exigir que lhes prestem obediência, respeito e os serviços próprios de sua idade e condição".

Há alguns termos nesse enunciado legal que nos dão a impressão de os entendermos a partir do simples bom senso, mas na verdade não sabemos muito bem até onde vão, e provavelmente não se pode estabelecer esse limite através da lei: até onde, por exemplo, vai a obediência, ou o respeito, ou os "serviços próprios da idade e condição"? Pensando numa iniciativa parlamentar recente, cabe a pergunta: será que um pai, ao dar uma palmada no seu filho, está impondo a obediência que é seu dever exigir, ou está torturando um cidadão que, apesar de mais fraco, tem em princípio os mesmos direitos fundamentais? O que está em questão, como é fácil constatar, é até que ponto um ato em princípio privado, particular, motivado pela idéia que um pai tem de como educar os filhos, pode ser abrangido pelo universal da lei. É a eterna relação contraditória entre o particular e o universal, ou entre o privado e o público, que é o pão quotidiano dos que trabalham com a aplicação da justiça.

Apesar de escolhido quase ao acaso, este exemplo do nosso Código Civil é bem oportuno. Na verdade, ele nos ilustra uma tendência, provavelmente mundial, a uma politização das relações privadas, ou seja, a uma certa redução ou dispersão do espaço da família, das áreas que Hannah Arendt chamou de "pré-políticas" e que dizem respeito à "criação dos filhos e a educação", e ao conseqüente avanço das iniciativas do poder público (Arendt, 2002: 128). Antes, segundo Hannah Arendt, a autoridade podia ser exercida mais facilmente no pré-político porque se impunha, por um lado, sem necessidade de *coerção* – a propósito, uma palmada é uma coerção, um ato de violência?; e, por outro, sem necessidade de *argumentos* ou justificativas –, "onde se utilizam argumentos, a autoridade é colocada em suspenso". Ou seja, tratava-se de uma autoridade autojustificada, fundada não em algum texto legal escrito, mas em uma tradição tão remota que muitos pensam que vem da natureza, ou até de Deus.

Dito de outro modo, a função do pai se impunha como critério do certo e do errado, mesmo quando o personagem não estava à altura da função. A função é de alguma forma transcendente, ela extrai sua autoridade de um plano mais alto do que o da pessoa que a exerce. A psicanálise surgiu exatamente no momento em que essa transformação começou de maneira mais efetiva ou talvez mais acelerada. A psicanálise é um sintoma dessa transformação: foi em boa parte como tratamento dessa crise que ela foi inventada por Freud.

A psicanálise – me parece que é isto que nos permite ser otimista quanto ao seu futuro – é um sintoma do universal, e não ela própria um universal. Talvez se possa entender assim a famosa frase de Freud segundo a qual a psicanálise não precisa ter uma concepção do mundo própria, pois dispõe da *Weltanschauung* científica. Ou seja, ela opera como tratamento para as crises que se dão no plano dos universais, ou no ponto em que o particular se confronta com o universal.

Diante disso, como considerar a tarefa que os psicanalistas podem desempenhar no âmbito do direito, ou seja, no âmbito das técnicas de distribuição da justiça e de aplicação da lei?

Esta pergunta tem um contexto inteiramente prático, pois surgiu dos meus contactos com psicólogos, psiquiatras, assistentes sociais, etc que trabalham no Judiciário, em particular nas Varas de Família. Eu tive um encontro mais ou menos contingente com eles: fui convidado há alguns anos a participar do Encontro de Psicólogos Jurídicos que realizam anualmente, e, desde então, temos mantido um contacto.

II

No último encontro que tivemos, eu escolhi como título da minha intervenção *A prática psi como suplemento do sistema judicial.*

Naturalmente, toda a questão está no termo "suplemento". Será que essas relações são de fato suplementares? Ou seja, será que a ajuda que os profissionais *psi* – psicólogos, psiquiatras, psicanalistas, psicoterapeutas... – prestam à justiça visa realmente suplementar o universo do direito e da aplicação da lei?

Um suplemento é diferente de um complemento. Na definição que nos dá a matemática, aprendemos que ângulo complementar é aquele que falta para completar noventa graus (por exemplo, o ângulo complementar de 40° é 50°), enquanto que suplementar é o ângulo que se deve somar a um outro para formar cento e oitenta graus. Em relação ao ângulo de 90°, portanto, cujo paradigma é a altura máxima do sol, o suplemento é algo que se acrescenta ao que, por si só, já se definiria sem a ajuda de mais nada.

Se este raciocínio está correto, devemos dizer que a lei não precisa propriamente de complemento, pois não lhe falta nada, uma vez que é por definição universal. Faltam sem dúvida à lei as maneiras de aplicá-la, ou seja, certas técnicas para torná-la possível de ser posta em prática. É aqui que intervêm eventualmente os vários campos do saber que são convocados como auxiliares da justiça: entram aqui os profissionais da saúde, do serviço social, da educação, etc, que facilitam a aplicação da lei. Mas nada falta à lei para que seja lei. Como lei, ela é sempre universal. Quando dizemos, por exemplo, que "todos são iguais perante a lei", estamos anunciando que forma tomou o universal da lei na nossa época democrática.

Se é necessária a intervenção do profissional *psi* no sistema judicial (eu tomo aqui como paradigma do *psi* o psicanalista), é porque há algo que excede esses dispositivos, algo que não conduz à pura aplicação das leis, mas até, pelo contrário, a impede ou dificulta. Dito de outra forma: o próprio caráter universal da lei é de certa forma dependente das exceções que a lei produz.

Em 1950, Lacan escreveu

> o recurso à confissão do sujeito, que é uma das chaves da verdade criminológica, e a reintegração na comunidade social, que é uma das finalidades da sua aplicação, parecem encontrar uma forma privilegiada no diálogo analítico, isso se dá, antes de mais nada, porque, podendo ser levado às significações mais radicais, esse diálogo aproxima-se do universal que está inscrito na linguagem (Lacan, 1998b: 130).

Essa frase descreve perfeitamente o encontro de um sujeito com a lei, ou seja, o encontro de uma exceção, ou de uma particularidade, com o universal. Esse encontro pode se dar através da confissão ou da punição, mas também através do mero cumprimento da lei. Ao mesmo tempo, a frase de Lacan situa a análise como mediação, ou como um recurso que pode ser usado quando esse encontro não funciona muito bem. De alguma maneira, a análise seria um sintoma intermediário, entre o particular e o universal.

III

Esse encontro implica, como aliás Lacan já apontava, um assentimento do sujeito; se o sujeito não reconhece, por exemplo, o direito que tem o juiz de condená-lo, esse encontro só pode se dar como violência.

Penso que algumas formas de violência, particularmente anômalas, que caracterizam a nossa época e que não podemos imputar simplesmente ao aumento da marginalidade social ou da pobreza, podem servir de exemplos de como a ausência de um assentimento do sujeito impede o sintoma como maneira de expressão do particular ou como endereçamento de uma mensagem – que é um ponto fundamental da descoberta freudiana –, e o sintoma passa a ser a simples repetição – como assinalava Jacques-Alain Miller há alguns anos –, ou a simples compulsão, ou as passagens ao ato inteiramente cegas. Ao mesmo tempo, essas formas contemporâneas de violência mostram que há uma dificuldade em se obter o assentimento, necessário à lógica da lei.

O psicanalista saberá fazer essa passagem, que vai da decifração de uma mensagem que escapa ao sujeito ao acompanhamento paciente de um sofrimento que até certo ponto exclui o Outro?

Não devemos lamentar as transformações do mundo – como sempre acontece, há aspectos de destruição e de construção no que estamos assistindo –, mas tentar ver que formas estão tomando os sintomas, ou seja, tentar localizar onde está o sujeito.

Referências bibliográficas

Arendt, H. (2002). *Entre o passado e o futuro*. 3ª edição. São Paulo: Editora Perspectiva.

Lacan, J. (1998a). *Escritos*. Rio de Janeiro: Jorge Zahar.

————. (1998b). Funções da psicanálise em criminologia. *Escritos*. Rio de Janeiro: Jorge Zahar Editor.

Notas

1 Mesa redonda na Escola Superior de Administração da Justiça – ESAJ, no dia 31/03/06, com a participação da desembargadora Dra. Marilene Melo. A mesma palestra, um pouco modificada, foi apresentada na SPID, por ocasião da homenagem a Horus Vital Brazil, aos 07/05/06.

Psicanálise e literatura

*Sandra Edler**

> "Todas as esferas da atividade humanas, por mais variadas que sejam, estão sempre relacionadas com a língua".
> Bakhtin (1959)

Estou, há cerca de um ano, às voltas com a leitura deste livro, *Dois ensaios entre psicanálise e literatura*, publicado por Vital-Brazil em 1992. Seu pequeno tamanho é apenas aparente. O texto denso se revela, a cada parágrafo, fonte de descobertas, indicador de pistas, sutil convite à pesquisa, além de mobilizar um movimento de admiração pelo singular percurso do autor. A leitura deste livro tem se mostrado inspiradora ao trabalho desenvolvido por nós, na *Oficina de Psicanálise e Literatura*, ou, como gostaria talvez Horus, *um pretexto para a produção de novos textos.*

Dele extraímos, para esse encontro, a discussão sobre a interpretação, terreno comum entre psicanálise e literatura – embora cada um deles mantenha sua especificidade. Lançada por Freud em 1900, no título de seu livro sobre a *Interpretação de sonhos*, a questão da interpretação psicanalítica cresceu junto à própria história da psicanálise. Mas, Horus nos lembra, não teve origem com ela. Práticas interpretativas e mesmo a interpretação de sonhos foram amplamente desenvolvidas desde a Antigüidade. Nesse sentido podemos falar da interpretação de uma forma mais ampla, ligada, na história da civilização, a uma voz que surgia e que, diante de algo obscuro, diante das inquietações fundamentais do homem, compreender seu passado e visualizar ou prever seu futuro, podia falar. A interpretação, assim, estaria ligada ao não-saber, ao duvidoso, ao que demandasse exegese. Frente à palavra oracular ou na tentativa de esclarecer pontos obscuros de textos religiosos, a interpretação se colocava diante do duplo sentido ou ainda de sentidos múltiplos, ligada, por definição, à prática da dúvida e à polissemia da palavra.

---

* Membro psicanalista da SPID e Doutora em Teoria Psicanalítica, UFRJ.

Aqui seria importante destacar duas vias principais em relação às quais a interpretação poderia ser colocada: o interpretar tendo como referência uma chave, ou tendo, como ponto principal, a figura do intérprete, personalidade mântica, dotada de poderes especiais ou de credibilidade junto à comunidade ou ao consultante. Nenhuma dessas práticas seria aplicável à psicanálise, mas é interessante observar que, na Antigüidade, sem a precisão conceitual pretendida pela ciência moderna, a interpretação já aparecia além de sua forma dogmática, como interpretação cabalística, isto é, como uma prática que mantém um resíduo de mistério, permitindo que o discurso permaneça em aberto e o sentido, em suspenso. Pode-se dizer que duas tentativas bem diferentes foram realizadas em relação à palavra divina de forma a dar origem a diferentes linhas de pensamento: a tradução literal que dava à palavra o estatuto de lei e a interpretação que, sem fechar uma significação definitiva, mantinha em movimento a prática da significância (Edler, 1992).

Nos capítulos iniciais da *Interpretação de sonhos* (1900), Freud faz uma extensa pesquisa não apenas em relação à literatura científica, cuja concepção, como sabemos, era a de que os sonhos seriam resíduos fisiológicos destituídos de sentido, como também e principalmente, em torno da literatura leiga, incluindo a adivinhação e a magia em relação às quais faz alguns recortes. Isso nos remete novamente a Vital-Brazil, que define a psicanálise como uma ciência conjectural, que se opõe ao racionalismo do *século das luzes* que negava a dimensão do provável e do duvidoso e negava, portanto, um espaço intermediário entre o falso e o verdadeiro (Vital-Brazil, 1992).

Ao incluir, no início de sua obra inaugural à nova ciência e ao novo século, uma pesquisa bibliográfica que incluía contos populares e literatura leiga, Freud, como diria Horus, está apresentando uma ciência muito peculiar que não pode aspirar a nenhuma certeza, "limitada pelo contexto a fazer um recorte em uma realidade construída como um texto..." (Vital-Brazil, 1992: 62).

A interpretação psicanalítica, Vital-Brazil (1998: 98) nos ensina, "é uma interpretação associativa que opera entre o saber e o impossível de saber, entre o sentido e a ausência de sentido, não pode recorrer a um dicionário de símbolos e depende de um curso associativo, isto é, da alteridade para se fazer numa prática de significância". A interpretação psicanalítica, continua Vital-Brazil, sempre metafórica e alusiva, remete à incognoscibilidade do inconsciente, à estrutura de um enigma que deixa, ao sujeito em análise, a tarefa de produzir a interpretação. A função do analista é a de evocar ou provocar as ressonâncias da memória como se o discurso fosse *uma peça de música polifônica* (Vital-Brazil, 2004: 260).

No texto em que homenageia Piera Aulagnier (2004), Vital-Brazil transcreve a resposta fornecida pela autora na oportunidade do encontro de ambos no VIII° Fórum Internacional de Psicanálise:

> a interpretação psicanalítica, se valorizarmos o atributo de incognoscibilidade do conceito freudiano de estrutura inconsciente, não é decodificação – ou simples tradução de uma língua conhecida numa outra língua igualmente conhecida – mas, sim, decifração, a transposição de uma língua conhecida para outra radicalmente desconhecida. Em psicanálise estamos como Champollion diante dos hieróglifos egípcios, confrontados com o valor inesgotável da *cifra*, que nos refere ao questionamento permanente como uma forma de estarmos sempre colhendo o benefício da dúvida (Vital-Brazil, 2004: 45).

A técnica associativa proposta por Aulagnier e citada por Vital-Brazil se aproxima da formulação freudiana que fala da *técnica associativa* ou da *interpretação associativa* em oposição à *interpretação simbólica*. Associada à desconstrução de significados e mais coerente com o valor do símbolo como traço mnésico, esta interpretação, contudo, não reconhece o intérprete único, apoiando-se na função interpretante do campo psicanalítico.

Citando Lacan (1982), Vital-Brazil nos lembra que o que se diz no momento criativo da interpretação é sempre um *mi-dire*, um meio-dizer, que exige um esforço do pensamento.

A interpretação psicanalítica, se levarmos em conta a psicanálise em intensão, isto é, seu contexto clínico, só poderá ser levada a efeito no campo transferencial. No caso da psicanálise em extensão, aspecto que aqui destacamos, lidamos com uma atividade interpretativa ampliada em que transpomos os limites da clínica na direção da cultura.

Desde a *Interpretação de sonhos* (1900), Freud faz inúmeras citações literárias em seus textos, ilustrando a idéia da valorização da obra de arte em geral, e da literatura em particular, como aquela que abre caminhos ao psicanalista, apontando, nos temas existenciais, a descrição e a elaboração interpretativa do drama da existência humana presa a um determinismo no conflito permanente.

Citando Artières, Vital-Brazil (1992) nos fala da afinidade entre a escuta e a escrita, lembrando que a psicanálise, ao se desenvolver como uma prática interpretativa, guarda relação com a prática literária, porque ambas, como práticas de significância, colocam-se na interseção entre o conhecido e o desconhecido, com o imprevisível do não-dito e do não-escrito, do interdito e, às vezes, nos confronta com o incompreensível, que só se resolve através de efeitos de sublimação.

A interpretação, na psicanálise em extensão, colhe, na própria cultura, objetos já criados, composições acabadas pelos efeitos de um processo sublimatório que eleva o valor social do objeto e que podem levar, pela significância do discurso poético, a descobrir matrizes da subjetividade (Vital-Brazil, 1992).

É através dos personagens trágicos que a interseção entre psicanálise e literatura se faz de maneira mais evidente não só porque estes personagens são quase reais pela excelência da obra literária como também por serem exemplares da humanidade trágica, do absurdo, da autodestrutividade e do desencontro, apontando para a determinação inconsciente e indicando os limites da realidade psíquica.

Sempre valorizando a determinação inconsciente, Vital-Brazil nos diz que, neste sentido, somos mais atores representando a produção de um autor inapreensível do que propriamente autores conduzindo um suposto projeto de vida. E é nesse momento que descobrimos o valor do estilo como um pequeno espaço possível de liberdade criativa.

Observa ainda Vital-Brazil que

> é assim que o psicanalista pode dizer que é o estilo que pode sustentar e mesmo fazer aparecer, na situação analítica, o sujeito em um espaço criativo em que a produção simbólica, sempre metafórica e em interseção com o imaginário, se faz no intertexto, entre dois discursos e entre *dois narcisismos*, da mesma maneira que o espaço criativo que a literatura descobre abre-se para a produção no simbólico com a questão do estilo (Vital-Brazil, 1992: 76).

Referências bibliográficas

Edler, Sandra P. B. (1992). A interpretação na clínica psicanalítica, algumas considerações. Em *Tempo Psicanalítico*, 24.

Freud, S. (1900). A interpretação de sonhos. *Obras completas*, vol. IV. Rio de Janeiro: Imago, 1972.

Lacan, J. (1982). *Mi-dire*. Paris: s/ed.

Vital-Brazil, H. (1992). *Dois ensaios entre psicanálise e literatura.* Imago: Rio de Janeiro.

————. (2004). *Psicanálise, cem anos depois e outros ensaios (1978-2004)*. Rio de Janeiro: Booklink.

Contingência do Real

*Yolande Mayer Lisbona**

Duas figuras de pensamento permitem apreender o real na sua contingência: o lance de dados de Mallarmé (1897) e outra emprestada de W. Benjamin (1995).

Mallarmé almejava compor um livro que fosse o "Livro", ou seja, uma obra impessoal, carimbada pela marca do universo e do universal. A palavra do poema não é a palavra da linguagem confusa das imagens, não é tampouco a palavra mediada e "midiatizada", da comunicação ou da reportagem. A palavra do poema de Mallarmé, nos diz Valery (1992: 112), "nos convoca para o devir, bem mais do que nos incentiva a compreender". Ela rompe com o real sensível das coisas externas. No poema o objeto perde sua objetividade, seja por uma subtração, sendo destituído e renegado, seja, ao contrário, por um excesso, redobrando e diversificando objetos equivalentes; portanto, por uma multiplicidade. É neste espaço que pouco a pouco liberou-se dos entraves da objetividade e da realidade que Mallarmé propõe o "Lance de dados". Para Mallarmé, um número é o número que resulta do lançamento de um dado. Não é nem um número qualquer dentro de uma série numérica, ou seja, um número que pode variar ao infinito, nem tampouco um número que se tornou fetiche: o das contas, dos créditos, da bolsa em alta do levantamento de opiniões – "um número cego", diria Badiou (2005: 46), "flutuante, podendo variar". O número do lance de um dado é único. Não pode ser outro. Representa o momento no qual acaso e necessidade se articulam numa relação indissociável. Instante quando o acaso se imobiliza em necessidade.

---

* Membro Psicanalista da SPID.

A outra figura é tirada de um texto de Walter Benjamim intitulado "O corcundinha". A figura do corcundinha aparece inúmeras vezes nos escritos de Benjamin. Ele é um personagem dos contos infantis que Benjamin reconhece como sendo aquele que à noite se colocava na espreita para assaltá-lo em sonhos. "O que em vão tentava ver de dia", relata Benjamin em "Infância em Berlim", "podia ser que à noite a coisa se invertesse e eu mesmo me tornasse presa em sonhos de olhares que apontavam para mim atrás das grades" (Benjamin, 1995: 141). São imagens que ele tem da sua infância. Imagens compostas de imagens que o corcundinha tinha dele. Imagens de história de uma vida. "As imagens que tem de nós o homenzinho são semelhantes à vida toda que passa diante dos olhos do moribundo" (idem: 142), nos diz Benjamin. Ou ainda, em outro momento, ele escreve:

> São imagens que passam a jato como as folhas dos livros de encadernação rígida, precursores de nossos cinematógrafos. Com um leve pressionar, o polegar se movia ao longo da superfície do corte; então se viam imagens que duravam segundos, e que mal se distinguiam umas das outras. Em seu decurso fugaz deixavam entrever o boxeador em ação, o nadador lutando contra as ondas... O homenzinho também tinha imagens de mim (Benjamim, 1995: 142).

Com este movimento do polegar Benjamin rompe com a unidade do livro, aponta para a arbitrariedade desta unificação e restitui a singularidade de cada folha. Ao contrário do lançamento de um dado que imobiliza o acaso em necessidade, Benjamin, aqui, com o artifício usado, restitui para cada imagem a instantaneidade de cada figura na seqüência arbitrária da história. E, no mesmo movimento, o polegar volta a imobilizar as folhas em livro de encadernação rígida, devolvendo à unidade sua arbitrária necessidade.

Tanto no "Lance de dados" quanto na figura resultante da sobreposição e desdobramentos de imagens benjaminianas, podemos, por um lado, apontar para uma relação entre real gesto e ato e, por outro lado, nos debruçar sobre a articulação do real com o imaginário e o semblante. Benjamin desdobra suas memórias, fantasias e sonhos. E, "o lance de dado" ao mesmo tempo se opõe e antecipa o número fetiche da contemporaneidade. Portanto, ambos nos remetem à questão da relação do real com o semblante.

Difícil, senão impossível, pensar esta relação sem estar referido a um contexto que nos forneça os elementos principais que estão em jogo e suas possibilidades combinatórias. Nossa referência parte aqui do livro de Badiou *O século* (2005).

O século XX viveu o que Deleuze (1981: 54) chamou de "síntese disjuntiva". Uma disjunção que se caracteriza por uma relação não dialética entre necessidade e vontade. Trata-se de uma disjunção entre, por um lado, realizar as promessas do século XIX e, por outro, renunciar, propor um começo radical. Ponto de disjunção irreconciliável que faz com que o século XX seja marcado pela violência. A violência surge no ponto da disjunção. É neste ponto que se situa a violência, preenchendo uma falta, forçando uma ligação impossível e substituindo uma conjunção inexistente. Disjunção de uma cisão, de uma divisão própria ao reino do "dois", onde não há unidade nem multiplicidade, onde não se aceita nem se recusa, onde não se sabe onde começa ou acaba. Todavia não se pode explicar a violência pelo imaginário, ou seja, pelas utopias e promessas de um amanhã melhor. A violência, o horror, a morte constituem uma dimensão inerente ao real impossível.

O real é ao mesmo tempo horrível e fascinante, mortífero e criador. Há uma exaltação do real até mesmo no seu horror, como mostram, por exemplo, os trabalhos e referências de Bataille (1957) sobre o sacrifício. A relação ao real é contradição, corte, rupturas. É sempre uma ferida que atesta que um corpo foi exposto ao real. Mais uma vez a questão não é do imaginário. Os recursos subjetivos de uma ação, até mesmo os do resignar-se, não pertencem ao futuro, às ilusões ou promessas. Eles estão no presente.

Se o século XIX sonhou, prometeu, o século XX declarou que ele fazia aqui e agora. "É isto", diz Badiou, "que na minha proposta eu chamo de Paixão do Real". É a relação entre a paixão do real e a necessidade do semblante que está em jogo. Trata-se portanto de desmascarar o real, de pensar a relação violência – máscara. Em função do limite do tempo desta exposição, vamos nos restringir aqui a pensar a relação do real com o semblante pelo viés da máscara e da arte cênica.

Podemos pensar e até dizer que o século XX inventou um novo teatro. O "metteur en scène", o diretor pensa a re-presentação. Ele precisa atuar na mediação de uma relação complexa entre o texto, a atuação dos atores, o espaço e o público. Não basta mais ter um bom texto e excelentes atores. É preciso ainda e sobretudo encenar, colocar em cena. O personagem, por sua vez, precisa ser construído. Ele não preexiste a esta construção. Construção que não depende apenas do texto e da capacidade profissional do ator, depende também das condições teatrais. Brecht vai mais longe e levanta a questão da relação entre o personagem e o devir histórico. Segundo Badiou (2005: 67), Brecht defende que "O teatro é um aparelho a construir verdades". Como representar o devir de um sujeito e ao mesmo tempo elucidar o jogo de forças que o constituem e determinam o espaço de sua vontade?

A referência ao teatro e à máscara permite esclarecer a distância que há entre o jogo (no duplo sentido da palavra jogo, em francês, "jeu", – no sentido de jogo, desempenho, atuação do ator, re-presentação) e o real. É preciso, portanto, mostrar a distância que há entre o factício e o real, fazer ficção da potência de ficção. É a experiência desta distância que permite propor gestos artísticos antes jamais acolhidos como arte. Com isto a arte está em todos os lugares. Esclarecer esta distância é desmontar os laços necessários que unem o real ao seu semblante. Mas, paradoxalmente, é o semblante que denuncia e permite apreender os efeitos violentos da contingência do real. De modo que é inevitável que a paixão do real seja também suspeição. De fato, como atestar que o real é real? Nada, além do sistema de ficção onde ele – o real – irá desempenhar o papel de real. Assim, na ausência de um critério formal que permita diferenciar entre real e semblante, é inevitável que mais uma convicção se apresente como real, mais é preciso suspeitar dela.

A operação – depurar o real – se impõe como tentativa de resolver a questão da relação entre real e semblante. Operação que encontramos na arte e até na matemática quando pela axiomática e pelo formalismo procurou-se depurar o real de todo imaginário espacial ou numérico. Operação que exclui o semblante e isola o real. Podemos citar, como exemplo, o momento de terror da revolução francesa – mais se denuncia traidores e mais forte é a adesão ao princípio da liberdade absoluta. Este processo de denúncia, exclusão, condenação e execução à morte pode ser levado num processo sem fim. A paixão do real torna-se uma paixão do autêntico que desmascara as cópias, descarta simulacros. Processo sem fim que só se realiza pela destruição. Destruição que ao mesmo tempo, de uma só vez, é sua força e seu limite.

Este processo de depuração baseia-se numa operação de exclusão, de isolamento do real de tal forma que ele substantiva o real, o imobiliza, trata o real com identidade e perde a noção de que é a própria distância ao real que é em si, ela mesma, o próprio real. Para trabalhar sobre a distância entre o factício e o real, Badiou propõe a operação que permite pensar, ou melhor, construir a diferença mínima. Escolhe, para retratar esta mínima diferença, um quadro de um pintor russo, Malevitch, intitulado "Quadrado branco sobre fundo branco". A mínima diferença ocorre quando se apaga, eliminam-se todos os conteúdos, todos os relevos e até a cor. Assim, aparece na cena a diferença mínima, a mais absoluta. Reproduzindo na escrita esta mesma mínima diferença, Badiou brinca com as palavras e, comentando este quadro, nos diz: "la différence entre le lieu et ce qui a lieu dans le lieu, la différence entre le lieu et avoir lieu" (2005: 86). Traduzindo, sem no entanto conseguir manter a mesma mínima diferença, indicando com a repetição de um mesmo termo – um espaço, seu conteúdo e o acontecimento –, "a diferença entre o lugar e o que ocorre no lugar, a diferença entre o lugar e o acontecer" (idem). Evitando a destruição sem fim própria a um processo de depuração do real, a construção de uma mínima diferença permite neste lugar, lá onde não há quase nada, inventar. Construção que pode se tornar agente dos próprios processos de verdade e que possibilita pensar junto com Lacan (2001: 101) a diferença entre uma relação verídica ao real e uma relação sintomal ao real.

Mesmo quando junto com Mallarmé o dado é lançado do fundo mar, do fundo de um navio naufragado, mesmo assim, jamais "um lance de dado abolirá o acaso" (Mallarmé, 1897). Talvez por isso Marcel Raymond (1992) veja neste poema uma confissão obscura, mas patética, do fracasso de Mallarmé. Mas é este "fracasso" que evita um processo de destruição sem fim, propicia o desenlace das relações que unem real e semblante e torna possível afirmar "todo pensamento é um lance de dado" (Mallarmé, 1897). Mallarmé parte, depois da tempestade, na calma desolação de um naufrágio. Benjamin, ao contrário, junto com seu corcundinha, multiplica os acontecimentos e as diferenças. É pelo excesso que as diferenças são eliminadas. Parte de um excesso, do jogo de imagens espelhadas no cruzamento redobrado e desdobrado de imagens e lembranças, na oscilação infinita do sono e da vigília, do real e da fantasia, do ver e ser visto. Excesso que, à primeira vista, convida a desmascarar as cópias e banir os simulacros. Mas de tanto depurar o real o que desaparece é o semblante, sem no entanto conseguir imobilizar o acaso em necessidade. Em defesa do semblante, quero propor pensar o paradoxo da máscara do carnaval de Veneza. Máscara de frágil porcelana, branca. Uma máscara limpa, lisa, sem marcas nem expressão, nem triste nem alegre, não parece com, nem é semelhante a nada. Máscara que esconde, mas nada mostra. Máscara que não diz, não traduz. Convida a inventar, criar.

Referências bibliográficas

Badiou, A. (2005). *Le Siècle*. Paris: Seuil.

Bataille, G. (1957). *L'Erotisme*. Paris: Les Editions de Minuit.

Benjamin, W. (1995). *Obras escolhidas*. São Paulo: Brasiliense.

Deleuze, G. (1981). *Différence et répétition*. Paris: PUF.

Lacan, J. (2001). Le discours de Rome. *Autres Écrits*. Paris: Seuil.

Mallarmé, S. (1897). Un coup de dés, página da internet: poetes.com/mallarmé/coup de dés.

Raymond, M. (1992). *De Baudelaire au Surréalisme*. Paris: José Conti.

Valery, P. (1992). *Ego Scriptor*. Paris: Gallimard.